FACULTÉ DE DROIT DE TOULOUSE

DES PACTES DOTAUX

EN DROIT ROMAIN

DES·CAS DE NULLITÉ

DU

CONTRAT DE MARIAGE

THÈSE POUR LE DOCTORAT

SOUTENUE

Par M. BOYER (Casimir)

AVOCAT

Né à Cordes (Tarn).

TOULOUSE

L. HÉBRAIL, DURAND & Cie, IMPRIMEURS-LIBRAIRES

5, RUE DE LA POMME, 5

1870

DES PACTES DOTAUX

EN DROIT ROMAIN

DES CAS DE NULLITÉ

DU

CONTRAT DE MARIAGE

200^{3}

THÈSE POUR LE DOCTORAT

SOUTENUE

Par M. BOYER (Casimir)

AVOCAT

Né à Cordes (Tarn).

TOULOUSE

L. HÉBRAIL, DURAND & Cie, IMPRIMEURS-LIBRAIRES

5, RUE DE LA POMME, 5

1870

FACULTÉ DE DROIT DE TOULOUSE

1869-70

2

MEIS ET AMICIS

DROIT ROMAIN

DES PACTES DOTAUX

(Dig., lib. XXIII, tit. 4. — Cod., lib. V, tit. 44.)

PROLÉGOMÈNES

Les pactes dotaux se présentent assez tard, dans la législation romaine, pour qu'il soit convenable d'expliquer d'abord comment ils s'y sont introduits.

Le régime dotal était complétement étranger à l'organisation de la famille romaine primitive. La femme y figurait comme une esclave arrachée par le mariage à la condition que lui avait imposée la conquête. Les épouses des premiers citoyens, nous dit l'histoire, furent des Sabines enlevées à leurs maris par la force des armes. Leur qualité de *mater familias* leur valut des honneurs et des égards ; mais elles n'en restèrent pas moins, elles et leurs filles, dans un état de sujétion complète vis-à-vis de leurs époux. Sauf de rares exceptions, la *manus* fut pendant longtemps la conséquence du mariage ; et les femmes qui, pour s'y soustraire, négligeaient les cérémonies de la *confarreatio* ou de la *coemptio*, perdaient en considération ce qu'elles gagnaient en indépendance. Encore fallait-il, pour conserver la qualité peu honorable de *ma-*

trona, que leur vigilance vînt au secours de leur ténacité : si elles négligeaient de découcher trois fois par an, *trinoctio quotannis* (1), elles tombaient encore par usucapion, *in manum mariti.*

La condition de la femme *in manú,* absolument identique à celle du *filiusfamilias sub patriâ potestate,* exclut toute idée de propriété personnelle. Tous ses biens deviennent irrévocablement *res mariti.* Sa personne et ses droits viennent se confondre dans la personnalité et la propriété du maître qu'elle s'est choisi.

Sous un pareil régime, on ne doit rechercher ni la dot, ni une législation à elle relative. On n'avait pas à distinguer et à réglementer les attributions respectives du mari et de la femme, alors que le sacrifice de cette dernière devait, de par les mœurs, être complet et absolu.

D'ailleurs, il faut le dire, les filles indépendantes et propriétaires étaient en petit nombre. Les autres sortaient de la puissance de leur père, pour tomber dans celle de leur mari ; et ce dernier devait se contenter de leur beauté soumise, et des espérances que lui donnait leur intelligente activité.

Cet état de choses dura pendant près de trois siècles. L'on s'accorde à penser que la *manus* commença à tomber en désuétude, lorsque la loi *Canuleia* eut permis les mariages entre patriciens et plébéiens (2). Les fières patriciennes se refusèrent à abandonner la famille d'où elles tiraient honneur et considération, pour adopter, en échange, les dieux plus humbles d'un mari plébéien.

Dès ce moment, la réaction dut commencer ; elle aboutit

(1) Gaius, *Comm.* I, § 3.
(2) Hugo, *Histoire du droit romain,* §§ 54 et 194.

avec le temps à faire disparaître des mœurs la *manus* et ses conséquences.

Les maris, privés de leur autorité, devinrent plus exigeants sous d'autres rapports; au fur et à mesure que la *manus* s'effaçait, le régime dotal s'introduisit. Ne pouvant plus acquérir les biens de leurs épouses à titre de *patresfamilias*, obligés d'autre part d'élever les enfants communs et de soutenir le poids de la famille, les maris exigèrent une contribution de la part de leur femme. Il était juste qu'avec une charge nouvelle, elle apportât une compensation. Cet apport, fourni par le patrimoine de la fille *sui juris*, ou par les soins du père de la fille en puissance, était alors et a été depuis appelé *dot*.

Instituée tout à l'avantage du mari, la dot des premiers temps devenait sa propriété incommutable. On pourrait dire que la femme s'affranchissait de la *manus* pour sa personne, et y soumettait par contre tout ou partie de ses biens. Le caractère spécial de la dot en droit romain, réside justement en ce que le mari en est propriétaire (1). Chez nous, le régime dotal a pour effet, non-seulement de laisser la dot propriété de la femme, mais encore de la rendre inaliénable par nature, pendant la durée du mariage.

Jusqu'ici, le régime dotal des Romains se présente avec un caractère de grande simplicité. Les pactes dont nous avons à nous occuper ne semblent pouvoir intervenir que pour régler la quotité et la translation de propriété de la dot. Mais une mesure juste en elle-même n'est pas toujours susceptible d'une application trop absolue. On dut s'apercevoir de bonne heure que s'il était convena-

---

(1) G., II, 62 et 63. — L. 24, D., *De act. rer. amot.*

ble que la femme supportât en partie les charges du mariage, il ne l'était pas moins, une fois le mariage dissous, que le bien dotal fît retour en ses mains. De là des stipulations jointes à la constitution de dot, afin de ménager à la femme une action en répétition dans certains cas déterminés, tels que le divorce ou le prédécès du mari.

L'usage de ces stipulations devint si général, que le préteur, les présupposant dans tous les cas, finit par accorder, en l'absence même de toute convention, une action *rei uxoriæ* à la femme survivante ou divorcée (1). Vers l'an 500 de la fondation de Rome, cette action fut introduite dans le droit. Accordée d'abord à la femme à l'exclusion de ses héritiers, elle fut plus tard étendue à son père survivant, pour la récupération de la dot par lui constituée. Pomponius dit à cet égard, dans le f. 6, D., *De jure dotium : Jure succursum est patri, ut filiâ amissâ solatii loco cederet, si redderetur ei dos ab ipso profecta : ne et filiæ amissæ et pecuniæ damnum sentiret.* Ainsi la dot devait désormais être rendue à la femme survivante dans tous les cas, et dans l'hypothèse de son prédécès, à son père s'il vivait encore.

Cette obligation imposée soit au mari, soit à ses héritiers, n'eut pas besoin d'une sanction spéciale, tant que les mœurs des Romains furent à la hauteur de leurs devoirs. L'empire arriva, et à la suite des guerres civiles, au milieu de la corruption générale, les fortunes les plus considérables furent souvent les mieux anéanties. Les divorces se succédaient en raison directe des adultères ; la population allait décroissant tous les jours, et les fem-

(1) L. un., Cod., *De rei uxoriæ actione*, etc.

mes divorcées ne trouvaient plus de maris qu'à la condition d'offrir de riches dots. Il fallait à tout prix rétablir
les mariages, pousser à la procréation, et pour cela conserver leur dot aux épouses. *Reipublicæ interest dotes mulieres salvas habere, propter quas nubere possint* (1).

Dans ce but, la loi Julia *de adulteriis*, rendue sous Au-
guste (737 de Rome), proclama l'inaliénabilité du fond
dotal. Dès ce moment, le mari, quoique propriétaire de
l'immeuble dotal, ne put l'aliéner qu'avec le consentement
de la femme. Quant à l'hypothéquer, il ne le pouvait même
avec ce consentement : *lex arctiùs prohibet quòd faciliùs
fieri putat.* L'action *rei uxoriæ* devait être accordée, en
dépit de toute renonciation consentie par la femme.

Les donations entre époux furent ou étaient déjà défendues à cette époque : afin d'éviter que, par une menace
de divorce, l'un des conjoints ne s'emparât du patrimoine
de l'autre. Déjà du temps de Cicéron, le divorce survenu
culpâ mulieris, donnait lieu à la rétention d'une partie de
la dot au profit du mari. Enfin, une constitution des empereurs Sévère et Antonin Caracalla, obligea le père à
doter sa fille, pour faciliter son mariage (2).

Les prescriptions que nous venons d'énumérer étaient
considérées comme d'ordre public ; toute convention ten-
dant à les écarter était déclarée nulle. C'est au cours de
cette législation qu'ont été écrits les fragments du titre *De
pactis dotalibus*, que nous avons à commenter.

Dans l'exposé rapide qui précède, nous n'avons eu
d'autre but que de préciser l'époque à laquelle se place

(1) L. 2, D., *De jure dotium.*
(2) Marcien, L. 19, D., *De ritû nuptiarum.*

la théorie que nous allons développer. Nous la produirons en quatre chapitres :

1° De la nature des pactes dotaux ;

2° Des personnes qui peuvent, et de celles qui doivent utilement y intervenir ;

3° Des conventions prohibées ;

4° De l'interprétation de certaines clauses douteuses.

Nous croyons ainsi nous renfermer strictement dans l'interprétation de notre titre. Quant aux règles générales du régime dotal, nous relaterons celles qui seront nécessaires à l'intelligence de chaque texte. Ce sera le plus sûr moyen d'éviter des redites, comme aussi des détails étrangers ou superflus.

CHAPITRE PREMIER

DE LA NATURE DES PACTES DOTAUX

Nous avons déjà dit que l'on appelait dot : ce qui par la femme ou en son nom était constitué au mari pour soutenir les charges du mariage. La dot peut être mobilière ou immobilière. On la constitue, dit Ulpien, par dation, diction ou promesse : *dos aut datur, aut dicitur, aut promitittur* (1). La dation est un transfert de propriété fait *dotis causâ* par les moyens légaux. La diction a les formes d'une espèce de stipulation unilatérale, c'est-à-dire sans interrogation. La promesse ou *cautio dotis* est tout simplement la réponse à la stipulation du mari.

L'emploi de l'un de ces trois modes ne suffit pas pour

_____

(1) *Règles*, tit. IV, § 1.

qu'il y ait dot. Il faut encore au cas de *datio* que le mariage se réalise, pour que la chose prenne dans les mains du mari le caractère de bien dotal (1). Il peut tout de même en être devenu propriétaire avant le mariage ; mais la répétition en sera faite contre lui, *si nuptiæ non secutæ fuerint,* par une *condictio causâ datâ* et non par l'action *rei uxoriæ*. A plus forte raison ni la *dictio,* ni la *promissio* ne font par elles-mêmes qu'il y ait eu dot ; une *datio* d'abord et le mariage ensuite sont encore nécessaires (2).

Les pactes dotaux ne sont point employés à la constitution même de la dot. Ils accompagnent le plus souvent cette constitution, mais à titre accessoire, et leur existence dépend de l'efficacité de l'acte principal : *ad exactionem dotis quam* semel præstari placuit, *qualiacumque verba sufficere censemus,* etc. (3). Les seuls moyens de constituer une dot sont ceux indiqués par Ulpien ; les pactes dotaux se présentent ensuite.

Il résulte de l'étude des textes, que le nom de *pactes* s'appliquait en cette matière, tant à des stipulations dont l'exécution était garantie par une action particulière qu'à des pactes proprement dits intervenus soit *ex continenti,* soit *ex intervallo* (4). Le mode de la stipulation était cependant moins usité que l'autre, à cause du caractère strict qui s'y attachait. On aimait beaucoup mieux joindre à la dation une convention simple, garantie par l'action même *rei uxoriæ* (5). Tel était l'usage le plus général ; mais nous avons à

(1) L 9, § 1 et L. 10, § 5, *De jure dotium.*
(2) LL. 1 et 3, Cod., *De dote cautâ non numeratâ.*
(3) L. 6, Cod., *De dotis promissione.* — Cf. L. 3, D., *De jure dotium.*
(4) F. 45, D., *Soluto matrimonio.*
(5) Cf. L. 23, h. t. ; LL. 10, 11, etc., h. t.

nous demander quelle était la valeur respective des pactes dotaux, suivant le moment où ils intervenaient.

Avant tout, à quel moment étaient-ils possibles ?

La constitution de dot pouvait précéder ou venir après le jour des noces. Nous trouvons aux Institutes de Justinien, §3, *De donationibus*, une affirmation catégorique à cet égard : *Ut quemadmodum dotes, constante matrimonio*, non solùm augentur, sed etiam fiunt, *ità*, etc. Le fragment 2, § 3, *in fine*, D., *De rebus creditis*, suppose encore une dot constituée *post nuptias*. Il est dès lors naturel que les pactes dotaux puissent se former même après le mariage :

Pacisci post nuptias etiamsi nihil antè convenerit licet (1). Cette règle était due à un usage de tous les temps. Elle n'était, au reste, que l'application du principe vulgaire de la liberté des conventions. Il faut même croire que si le jurisconsulte l'a ainsi affirmé spécialement, c'était moins pour rappeler un axiome juridique, que pour faire entendre que la dot ne tombait point sous les prohibitions faites aux donations entre époux. Aussi la même idée est-elle ramenée par Paul, dans le f. 28 de notre titre :

Une femme fait un pacte, pour que les fruits du fonds dotal soient employés à désintéresser un de ses créanciers. On demande si ce pacte est valable ? Le jurisconsulte distingue : Si la convention a précédé le mariage, le pacte sera maintenu, parce qu'on avait le droit de constituer une dot plus ou moins grande ; mais s'il vient après le mariage, comme les fruits appartiennent au mari pour en supporter les charges, c'est avec son propre bien qu'il désintéresse le créancier de sa femme, et il y a donation

(1) Javolenus, f. 1, D., *De pactis dotalibus*.

prohibée. La convention n'est donc pas annulée comme pacte dotal ; c'est comme donation.

Il va sans dire que tout *pacte dotal* est impossible, à ce titre du moins, dès l'instant où le mariage est dissous. Aussi les prohibitions qui portent sur les conventions dotales n'ont aucune influence sur celles qui suivent le divorce. Quoique, notamment, il ne puisse entre mari et femme être convenu que la dot sera restituée dans un délai plus long que le délai légal, après le divorce toutefois, un pacte de cette nature peut être valablement engagé (1). Donc soit avant, soit pendant le mariage, on peut doter et faire des règlements relatifs à la dot.

Mais tous les pactes ont-ils la même valeur ?

Distinguons d'abord les stipulations qui par elles-mêmes ont une efficacité entière, des pactes qui empruntent leur valeur aux actes juridiques qu'ils accompagnent. Pourvu qu'il y ait eu mariage, les stipulations faites sous cette condition tacite seront parfaites et productives d'action. Pas de difficulté sur ce point.

Quant aux pactes, ils se présentent parfois au moment de la constitution de dot ; et alors ils viennent la compléter de telle sorte qu'ils en font partie intégrante. L'action *ex stipulatû*, si la dot est constituée *promissione*, l'action de droit civil particulière à la *dictio*, et enfin l'action *rei uxoriæ* dans tous les cas, en assurent l'exécution par voie directe.

« La clause que vous avez formulée en faisant dation d'une dot pour votre fille doit être respectée, sans que l'on vous oppose la maxime vulgaire : *Un pacte n'engendre point d'action;* car cela doit s'entendre d'un pacte nu.

(1) L. 18, h. t.

Autrement, si en donnant une somme d'argent, on fait des conventions relatives à sa restitution, la *condictio* les garantit utilement (1). »

De cette loi se dégagent deux principes : l'un appliqué à l'espèce, et qui n'est autre que celui de l'entière efficacité des pactes joints ; l'autre, d'après lequel les pactes nus ne sauraient donner naissance à une action. On leur applique la règle générale en vertu de laquelle les pactes isolés ne produisent qu'une exception (2).

Il en résulte que le constituant ou la femme en faveur de qui ce pacte a été fait doivent, pour en bénéficier, attendre qu'une action intervienne, et avoir bien soin d'user de leur exception en cette circonstance. Ou bien, si le pacte est à l'avantage du mari , et que, par exemple, il lui attribue une portion de la dot pour chaque enfant survivant à sa mère, il devra s'en prévaloir devant le *judex* qui connaît de l'action *rei uxoriæ* et doit y statuer *æquiùs meliùs* (3).

Au sujet des pactes joints, on distingue d'habitude ceux qui le sont *ex continenti* de ceux qui s'engagent *ex intervallo*. Nous n'avons pas cru devoir ici tenir compte d'une distinction que les textes relatifs à notre matière ne présentent aucunement. Ils ne visent, en effet, que des pactes joints et des pactes nus (4). Or, entre pactes joints *ex intervallo* et pactes nus, il n'y a pas de distinction possible ; ou, pour mieux dire, les pactes isolés que d'ordinaire on nomme pactes nus, sont toujours en matière de dot des

---

(1) L. 1, Cod., *De pactis conventis*.
(2) L. 7, D., *De pactis*.
(3) L. 20, § 2, et L. 25, D. h. t.
(4) L. 6, § 2, D , *De jure dotium*.

pactes joints *ex intervallo*, puisqu'en principe la constitution de dot doit avoir précédé ou du moins vivifié leur existence.

Cela posé, l'on ne peut s'empêcher de reconnaître que ce pactes joints *ex intervallo* n'avaient pas plus de force qu'un simple pacte nu, avant la Constitution de l'année 428 (Théodose et Valentinien), qui forme la loi 6, Cod. *De dotis promissione*. Cette constitution garantit, en effet, par une action *nouvelle*, les pactes qui ont trait *ad exactionem dotis quam semèl præstari placuit*. Est-ce aux pactes joints *ex continenti* qu'elle se réfère? Evidemment non ; ils n'en avaient aucun besoin. Elle porte les pactes dotaux au rang des *pacta legitima*, c'est-à-dire que de simples conventions dotales, à quelque moment qu'elles se présentent après la dot constituée, auront désormais une sanction directe. Auparavant, elles n'engendraient donc qu'une exception, absolument comme les pactes nus, auxquels nous disions d'abord et nous prouvons en ce moment qu'elles étaient assimilées.

L'explication des textes qui va suivre, fera ressortir l'utilité pratique des pactes dotaux et leur portée la plus ordinaire. Il nous paraît donc superflu d'entrer dès à présent dans de grands détails à cet égard. Ils servent principalement à déterminer : le mode de dation de la dot ; l'époque où cette dation viendra réaliser la promesse déjà faite ; la cause du transfert de propriété, c'est-à-dire le concours plus ou moins important d'une estimation ; la condition à laquelle est subordonnée la mutation de la chose déjà livrée, ou, en d'autres termes, la condition sous laquelle la dation deviendra parfaite ; le mode de gestion de la dot entre les mains du mari propriétaire, notamment au sujet de l'emploi des fruits ; enfin, les moyens de restitution et surtout le délai dans lequel il y sera procédé.

Après ce coup d'œil d'ensemble, passons à un examen plus détaillé; occupons-nous d'abord des personnes qui peuvent ou doivent figurer dans les pactes dotaux.

CHAPITRE II

DES PERSONNES QUI PEUVENT ET DE CELLES QUI DOIVENT UTILEMENT INTERVENIR DANS LES PACTES DOTAUX.

Tout le monde peut doter; mais l'exercice de ce droit est soumis à des conditions différentes, suivant que la dot émane de telles ou telles personnes. La *dictio* est un moyen réservé; à cet égard, Ulpien s'exprime avec une remarquable concision : *Dotem dicere potest mulier quœ nuptura est et debitor mulieris si jussû ejus dicat, item parens mulieris virilis sexûs per virilem sexum cognatione junctus, velut pater avus paternus. Dare promittere dotem omnes possunt* (1). Chacun peut user de la *datio* et de la *promissio;* mais la *dictio*, formule de l'ancien droit, reste embarrassée de restrictions et d'entraves. Elle a été faite pour ceux qui, les premiers et le plus naturellement, ont usé de la dotalité : pour la femme, ou ce qui revient au même, son débiteur parlant par son ordre, afin d'éviter par une tradition de brève main tout un circuit de dations; pour son aïeul paternel, de la puissance duquel elle peut dépendre d'après le cours ordinaire de la filiation juridique.

Nous avons déjà parlé de la réversibilité de la dot cons-

(1) Ulpien, *Règles*, tit. VI, § 2.

tituée par le père et que l'on nomme profectice, *quia a patre profecta ad patrem revertitur*. Si elle émane de tout autre que la femme ou son père, on la nomme *adventice*, et *réceptice* lorsque, dans les mêmes conditions, celui qui l'a constituée en a stipulé le retour pour lui-même en cas de prédécès de la femme en mariage.

I. Qui peut faire des pactes dotaux? Tous ceux qui peuvent constituer une dot; tous ceux ensuite qui ont un intérêt actuel ou éventuel sur cette dot. Plus généralement on peut dire que les pactes dotaux sont accessibles à tous ceux qui ont des droits sur la dot; que leur efficacité est subordonnée à l'intervention de ces mêmes ayant-droit.

Au premier rang, figurent ceux qui constituent la dot. Leur situation est toute définie dans une phrase du f. 7 de notre titre : *Quanquam initio dotis dandæ legem quam velit, etiam citrà personam mulieris, is qui dat dicere possit.* Ce qui signifie que le maître originaire de la dot est libre de la constituer à telle condition qu'il lui plaît, tout en respectant les lois. Il dispose de sa chose, et tous ses droits sont encore entiers : il peut donc agir indépendamment de la présence de la femme et sans son concours; les droits de celle-ci sont encore nuls. Mais, poursuit le même texte, on ne pourra plus se passer d'elle, une fois la dation réalisée. La même idée se présente en des termes à peu près semblables sous le fragment 20, § 1, de Paul, h. t. : *Si extraneus de suo daturus sit dotem, quidquid vult pacisci et ignorante muliere sicut et stipulari potest; legem enim suæ rei dicit; postquam verò dederit, pacisci consentiente muliere debet.*

Pourquoi le consentement de la femme est-il nécessaire alors que la dot appartient encore à son mari? Un juris-

consulte répond (1) que la *causa dotis perpetua est*, alors
même qu'elle devrait toujours, d'après l'intention du constituant, rester entre les mains du mari. Cette *causa perpé-
tua*, c'est l'essence même de la *dot;* ce qui fait qu'elle
porte ce nom et qu'elle ne se confond point avec les
autres biens du mari ; qu'elle est même soustraite au *do-
minium* du père de la femme. Cette qualification de dot,
elle ne pourrait la porter, si elle n'appartenait pas éven-
tuellement à la femme, au nom de qui elle est toujours
donnée, et qui conserve sur elle ce droit nécessaire primant
le droit de propriété du mari et qui fait que l'on dit : *mulieris tamen est*. Conclusion : Une fois la dot établie, la
femme est intéressée dans tous les pactes.

Mais il en est bien d'autres que l'on doit y appeler. En
thèse générale, « les pactes relatifs à la restitution de la
dot nécessitent l'intervention de tous ceux qui peuvent la
répéter et de tous ceux encore contre qui la répétition peut
être dirigée; à défaut de quoi, le pacte pourrait n'avoir
aucun effet à l'égard de celui qui n'y a point assisté (2). »

Le commentaire de ce passage nous est fourni par Pomponius (3) : « Lorsqu'un père constitue une dot pour sa fille,
il est très prudent de la part du gendre de les faire participer tous deux à la convention, quoiqu'en principe le do-
tant puisse, avant toute constitution, imposer la loi de son
choix, sans aucune intervention de la femme. Mais si,
après la dation, il veut faire un pacte, la présence du père
et celle de la fille deviennent nécessaires, puisqu'à ce moment la dot est déjà acquise à la femme. Et si, en cette

(1) F. 1, D., *De jure dotium*.
(2) Javolenus, f. 1, § 1, D., h. t.
(3) F. 7, *eodem titulo*.

occurrence, le père faisait seul la convention, et que plus
tard il s'en prévalût pour agir soit en son nom personnel, soit *adjunctâ filiæ personâ*, c'est à lui seul que le
pacte nuirait ou serait profitable. Dans les mêmes conditions, la fille recourant à l'action n'aboutirait à aucun bénéfice pas plus qu'à une perte. Si à l'inverse, elle avait seule
concouru au pacte, il profiterait au père dans la limite de
l'enrichissement qu'il lui apporterait, car le père peut
acquérir par la fille qu'il a sous sa puissance, alors que la
fille ne peut acquérir par son père. Que si le pacte fait par
la fille doit causer un préjudice, c'est à elle seule qu'il
nuira; en aucune façon il ne pourra nuire au père, à
moins qu'il n'actionne lui-même, *adjunctâ filiæ personâ*.
Nous ajouterons que le pacte fait par la fille ne pourra
aggraver la condition du père, au cas où cette fille étant
morte en mariage, la dot profectice doit être rendue à son
auteur. »

Ce texte est assez étendu pour se suffire à lui-même,
sans autre explication. Nous nous contenterons d'une re-
marque sur la phrase finale : après avoir longuement
développé le principe *res inter alios acta patri non nocere
potest*, le jurisconsulte revient encore à la charge pour
préciser *que les conventions dotales de la fille même morte en
mariage ne nuiront pas au père.*

Pouvait-il y avoir quelque difficulté à cet égard ?

On aurait pu croire que la dot étant en dehors du droit
commun, la règle ordinaire ne devait point la régir. Si, en
effet, il était vrai que les obligations qui grevaient le pécule ne passaient point sur la tête du *pater familias* suc-
cédant à ce pécule, on aurait pu à la rigueur considérer
la dot comme affranchie des caractères propres au pécule,
et traiter à son égard le père de famille comme un simple

héritier. D'où la conséquence que les obligations dotales de la fille seraient passées sur la tête de son père. Mais Pomponius, et à bon droit, décide que cette solution serait erronée, puisque la mort de la femme a éteint tous les priviléges attachés à la dot, et que désormais cette dot confondue dans le pécule, doit en suivre les destinées.

L'obligation de faire concourir à un pacte dotal les personnes qui peuvent avoir des droits sur la dot a pour limite la possibilité matérielle ou légale.

« Chaque fois, nous dit Paul (1), qu'un père est en démence ou prisonnier chez l'ennemi, et que son fils prend femme ou que sa fille se marie, il faudra nécessairement se contenter de conclure avec ces derniers seuls des pactes relatifs à la dot. »

On comprend cette solution à une époque surtout où Septime-Sévère et Caracalla venaient d'imposer au père l'obligation de doter ses enfants (2). La démence ou l'état d'esclavage *in pendenti*, ne pouvaient plus servir d'empêchement à la constitution d'une dot ; le *Præses provinciæ* était appelé à en fixer la quotité, absolument comme si le père s'était refusé à remplir son devoir. (F. 5, § 4, *De jure dotium*.) Par voie de conséquence, on devait autoriser le fils à le remplacer dans les pactes. Qui veut la fin veut les moyens. Chez nous où existe la nécessité, non d'une dot, mais d'un contrat de mariage, la même solution est admise par la maxime : *habilis ad nuptias, habilis ad pacta nuptialia*.

Un pacte dotal peut-il être valablement fait par une personne qui n'a été pour rien dans la constitution de dot ?

(1) F. 8, h. t.
(2) F. 19, *De ritû nuptiarum*.

Voici l'espèce et la réponse : « Titius a donné une dot au
nom d'une femme, et en a stipulé le retour au cas de prédécès ou de divorce de cette femme. Le divorce ayant eu
lieu, Titius est mort sans avoir redemandé la dot. Avec le
consentement de son héritier, la femme est rentrée dans
les liens du premier mariage, et l'on se demande si cet
héritier peut encore, par l'action *ex stipulatú*, répéter la
dot. J'ai répondu que si l'héritier de Titius avait consenti
à ce que la valeur qu'il aurait pu obtenir *ex stipulatú*, ser-
virait de dot pour le mariage renoué, il serait justement
écarté par l'exception de pacte (1). »

L'héritier de Titius, quoique ce dernier eût négligé
d'exercer son action, était en droit de faire ce que son
auteur avait omis. L'action *ex stipulatú* est transmissible,
tandis que l'action *rei uxoriæ* ne passe aux héritiers de la
femme ou du père qu'autant qu'ils l'ont eux-mêmes en-
engagée de leur vivant. Non-seulement l'héritier de Titius
n'a pas répété la dot, mais encore il s'est intéressé au
renouvellement du mariage. Or d'habitude, lorsqu'un mariage se renouvelle, la dot est censée rapportée pour cette
seconde union, comme s'il n'y avait pas eu d'interruption.
In posterius matrimonium convertitur, dit la loi 30, De jure
dotium, *nisi probetur aliud convenisse*. Dans l'espèce, ce ne
sera point en vertu de cette règle que l'héritier de Titius
sera repoussé dans sa demande ; la loi 30 ne se réfère
évidemment qu'à la dot émanée de la femme, ou du moins
restée en son pouvoir après le divorce. Mais l'intervention
de cet héritier dans le nouveau mariage, semble renfermer un pacte *de non petendo* qui équivaut à une tradition
de brève-main. Dès lors il y aura eu *nouvelle dation*, que

(1) Scævola, f. 29, § 1, h. t.

l'exception de pacte protégera suffisamment contre l'action *ex stipulatú*.

Il est important de différencier cette hypothèse de celle où la dot première sert au second mariage. La convention tacite admise en ce dernier cas, doit faire revivre la dot avec sa nature et sous les conditions premières. Au contraire, la dot délaissée par l'héritier de Titius, ne l'est point sous les conditions où Titius d'abord l'avait donnée. Tout est renouvelé, et le retour ne sera plus possible, parce qu'à l'exception de pacte qu'on lui opposera, l'héritier constituant ne pourra pas répliquer par des réserves qu'il n'a pas faites.

II. Jusqu'ici nous avons vu les effets des pactes dotaux à l'égard de ceux qui les ont contractés. Ne peuvent-ils pas profiter à d'autres que ceux qui y figurent en qualité de parties? Des exemples nombreux dans notre titre, présentent des solutions diverses que nous allons étudier.

« Un beau-père stipule que si sa fille meurt de son vivant, c'est à lui-même que la dot sera rendue ; que s'il est déjà mort, ce sera à son fils ; que si le fils encore est défunt, ce sera à son propre héritier. On peut à la rigueur soutenir qu'une telle stipulation est valable (1). » A quel principe fait violence Pomponius, pour hésiter à donner cette solution ? A la règle qu'un usage constant avait établie, et qui empêchait un individu de stipuler pour après sa mort. Gaius dit à ce propos : *Inelegans esse visum est, ex heredis personâ incipere obligationem.* Un droit qui ne doit prendre naissance que sur la tête de l'héritier du stipulant, ressemble fort à celui qui résulte de la stipulation faite au profit d'un tiers. On peut dire que, dans l'espèce,

(1) Pomponius, L. 9, h. t.

l'éventualité du droit sur la tête du beau-père légitime
en quelque façon la stipulation particulière qu'il fait pour
son héritier ; tout intérêt personnel n'est pas absent, et le
vice ne tiendrait ici qu'à la forme de la convention. Rien
en effet, n'empêchait le *socer* de *stipuler* tout simplement
le retour de la dot après le décès de sa fille ; le résultat
n'eût pas été différent, et il aurait naturellement trans-
mis à son héritier l'action qu'il n'aurait pu exercer lui-
même.

On risquerait néanmoins de se tromper, en affirmant
que le jurisconsulte s'est précisément arrêté à ce motif. Il
est plus probable qu'il tendait à inaugurer une jurisprudence nouvelle, et à faire admettre l'intérêt d'affection
comme suffisant pour valider une stipulation. Gaius en
cette matière se décide d'après l'*elegantia juris*. L'obstacle
n'est pas énorme ; aussi Pomponius, un peu timide dans la
décision de la loi 9 extraite du livre **XVI** sur Sabinus,
se montre plus affirmatif dans la loi 10 empruntée au
livre **XXVI** :

« Un père de famille, après avoir reçu une dot pour le
compte de son petit-fils, a obtenu par un pacte qu'elle ne
serait répétée ni de lui, ni de son fils ; mais qu'elle pourrait
l'être de tout autre héritier que son fils. L'exception née
de ce pacte protégera le fils, parce qu'il nous est permis
d'assurer des garanties à notre héritier. Et rien n'empêche que nous ne puissions stipuler au profit d'une personne déterminée, si elle est notre héritière, ce que nous
ne stipulons point pour tout autre héritier. Telle est l'opinion de Celsus. »

Est-il besoin de s'arrêter sur ce texte à une difficulté de
ponctuation qui se place avant les mots de la fin : *quod non
idem et in cœteris heredibus ?* Si, comme dans le *Corpus juris*

Academicum, on met deux points avant ces mots, on parvient d'abord à arrêter dans sa marche naturelle le développement d'une idée parfaite sans cet obstacle. En second lieu, on met Pomponius en contradiction avec lui-même, en lui faisant énoncer un principe général et absolu, qu'il démentirait deux lignes plus bas, dans la même phrase. On est donc forcé d'admettre que : *benignâ interpretatione quidem, heredi nostro cavere concessum est.*

Voici une autre série de textes se rapportant à la même idée :

Africain, L. 23, D., h. t. : « Un père, en donnant une dot pour sa fille, s'est réservé que si elle mourait en laissant un ou plusieurs enfants, la dot, déduction faite du tiers, lui serait rendue à lui-même s'il vivait encore, ou à son défaut à ces mêmes enfants de sa fille qu'il avait sous sa puissance. Puis il a stipulé que les choses se passeraient ainsi. Après sa mort, la femme à son tour est morte en mariage, en laissant des enfants. On a demandé s'ils pouvaient réclamer les deux tiers fixés par la stipulation. J'ai répondu qu'ils le pouvaient, puisque cette stipulation portait que, si la fille venait à mourir en mariage, la dot serait rendue au père. Ce qui doit s'interpréter comme si l'on eût stipulé : *Si tel navire arrive d'Asie, promettez-vous de me donner, ou après ma mort, de donner à Lucius Titius ?* auquel cas le navire arrivant après le décès du stipulant, la créance passe à son héritier. »

Pour constater les progrès de la jurisprudence que nous étudions en ce moment, il ne sera pas sans intérêt de rapprocher du texte d'Africain celui de la loi 45 au Digeste, *Soluto matrimonio.* Il est de Paul ; nous n'en donnons que le résumé.

Caius Seius, aïeul maternel de Seia, donne pour cette

dernière une dot à Lucius Titius, son mari. Il stipule en même temps qu'au cas de divorce non imputable à Seia, la dot sera restituée soit à cette même Seia, soit à lui son grand-père, sous la puissance de qui elle n'est pas. Seius meurt, et le divorce se produit. A qui compète l'action *ex stipulatú* ? Est-ce à l'héritier de Seius, ou à Seia qui, bien que sa petite-fille, n'était pas sous sa puissance ? Paul répond que, d'après les principes, c'est à l'héritier. Mais il reconnaît ensuite que *favore nuptiarum et maximè propter affectionem personarum*, on doit accorder à la fille une action utile *ex stipulatú*.

On prétend que ce texte a été interpolé. Quoi qu'il en soit, le fait d'une interpolation viendrait à l'appui de notre thèse, pour démontrer que du temps de Justinien le but poursuivi par Celsus et Pomponius était atteint, et que l'intérêt d'affection avait fini par être admis en principe. En supposant même que Paul s'en fût tenu aux anciennes idées, il faudrait bien admettre que la théorie nouvelle n'avait pas tardé à régner après lui. Une Constitution des empereurs Dioclétien et Maximien, datée de l'an 294, c'est-à-dire de la fin du siècle où vivait Paul, mentionne en termes formels l'action utile accordée en faveur de la dot : « Un père a stipulé que la dot qu'il donnait à son gengre serait restituée à ses petits-fils, si sa fille mourait en mariage. Quoiqu'il n'ait pu de la sorte leur acquérir une action, l'équité demande néanmoins qu'on leur en accorde une d'utile (1). »

C'est toujours d'une stipulation qu'il s'agit, lorsque l'on se demande si l'action doit passer aux héritiers. L'action *rei uxoriæ* n'est bonne qu'entre les mains de l'ascendant

---

(1) L. 7, Cod., *De pactis conventis*.

pour recouvrer la dot profectice, et de la femme lorsque survient le divorce ou le prédécès du mari.

Pour terminer ce qui concerne l'effet des pactes, vis-à-vis des héritiers des contractants, arrêtons-nous à la loi 30, h. t., dans laquelle Tryphoninus développe une espèce assez compliquée :

Bæbius Marcellus avait promis une dot de cent à son gendre Bæbius Maryllus. Il était convenu entre eux que cette dot ne serait point réclamée tant que durerait le mariage ; ou bien encore, que si la fille venait à mourir en mariage après son père et sans enfants, la moitié de la dot resterait à Maryllus, et l'autre moitié serait rendue par lui au frère de sa femme. Une stipulation avait été faite là-dessus. Marcellus meurt, à la survivance de son fils et de sa fille, et en léguant sa dot à cette dernière. Maryllus, après la naissance d'une fille, fait divorce ; et sa femme meurt à son tour, en laissant son frère et son enfant héritiers chacun pour moitié. Maryllus réclamait de son beau-frère héritier de Marcellus, la totalité de la dot qui lui avait été promise, en se fondant sur ce que la clause qui laissait la moitié de la dot au mari, si la femme mourait sans enfants, lui accordait à plus forte raison toute la dot, s'il avait un fils ou une fille. Le fils de Marcellus prétendait de son côté que l'exception de pacte le protégeait en sa qualité d'héritier, non pas d'héritier de la femme, mais d'héritier tel, que, même du vivant de la femme, il aurait pu écarter Maryllus, en fondant son exception sur ce qu'il y avait eu divorce, exception qui lui restait après la mort de sa sœur. Sous le bénéfice de cette considération, on a écarté la demande, sans porter atteinte au droit qu'avait Maryllus de réclamer au nom de sa fille la délivrance de la moitié de la dot dont elle avait hérité de sa mère.

Pour bien comprendre l'intérêt de ce litige, il faut rapprocher la demande en justice des pactes qui l'ont provoquée. Le premier de ces pactes est bien simple : il a pour but d'empêcher la pétition de dot tant que durera le mariage. Ainsi que nous le verrons plus bas, il n'est pas défendu, en ayant soin de promettre la dot pendant le mariage, d'en différer le paiement jusqu'après sa dissolution (1). Mais dans l'espèce, le divorce avait mis fin au mariage. Légalement, la dot appartenait à la femme après ce divorce ; il est donc vrai de dire qu'elle ne pouvait plus être réclamée au fils de Marcellus par Maryllus, et que, d'un autre côté, il devait être actionné, non en qualité d'héritier de la femme pour le paiement de cette dot, mais en qualité d'héritier de Marcellus.

L'autre pacte présente plus de difficulté. Maryllus actionne son beau-frère, en exécution d'une stipulation qui porte que si, après la mort de Marcellus, sa fille décède en mariage sans enfants, la moitié de la dot restera à Maryllus, et l'autre moitié au susdit beau-frère. La dot n'a jamais été payée par Marcellus ; Maryllus, fort de sa stipulation, se présente en disant : que puisque le prédécès de sa femme sans enfants lui vaut la moitié de la dot, l'existence d'un enfant lui en assure la totalité et fait tomber l'avantage, valablement stipulé d'ailleurs par Marcellus, au profit de son héritier. En conséquence, il réclame le paiement entier de la dot.

Le fils de Marcellus lui répond : qu'il ne lui doit rien, puisqu'il n'est point attaqué en qualité d'héritier de sa sœur ; qu'il se trouve protégé contre la demande personnelle de Maryllus, par les termes même de la convention

---

(1) L. 20, *De jure dotium.*

qui suppose *la mort de la femme* et *non le divorce.* Le divorce survenu a éteint les droits du mari; et depuis cette époque, pas plus du vivant qu'après la mort de sa femme, il n'a eu le droit de réclamer la dot et d'agir contre l'héritier de Marcellus. Toutefois, s'il l'avait actionné comme détenant l'hérédité de sa femme, à qui la dot appartenait après le divorce une première fois, et en second lieu parce qu'elle lui avait été léguée, il aurait, au nom de sa fille et en exécution du fidéicommis de sa femme mourante, obtenu la moitié qui devait lui revenir.

Lorsque dans un pacte dotal, il n'y a pas possibilité pour l'un des contractants de se créer une action, faute d'intérêt personnel et direct, il doit recourir à une clause pénale, afin de donner vigueur à la convention. Il est fait allusion à cet expédient dans la Constitution 4, C., *De pactis conventis.*

« Vous dites que dans un pacte dotal, votre père s'est engagé vis-à-vis de votre mère à vous rendre la dot à vous et à vos frères, si elle mourait en mariage. En supposant même que vous ne fussiez pas sous la puissance de votre père, une stipulation illégale n'a pu vous procurer une action lors du décès de votre mère en mariage. Mais dans l'hypothèse où une obligation verbale aurait été contractée en due forme, il n'y aurait pas d'obstacle à ce que votre demande en restitution de dot ne fût exécutée, alors surtout que vous ne seriez pas encore sous la puissance de votre père. » L'obligation en due forme dont il s'agit s'établit soit par l'insertion d'une clause pénale, soit par l'adjonction, en qualité d'*adstipulatores*, des personnes intéressées.

D'assez bonne heure, c'est-à-dire au temps de Papinien, l'équité avait fait admettre, par faveur pour les pactes do-

taux, des solutions juridiques bien plus extraordinaires
encore que toutes celles qué nous avons signalées jusqu'ici.
Le § 1 de la loi 26, h. t., suppose qu'un père a oublié
d'opérer sur la dot qu'il rendait, une rétention à laquelle
lui donne droit la survivance d'une fille. Il meurt; et un
arbitre est chargé de partager en même temps sa succession et celle de sa femme. Si l'enfant, dit le jurisconsulte,
n'est pas héritière de la totalité de la succession maternelle, on lui permettra, sans préjudice pour la portion à
laquelle elle a droit, de prélever sur cette succession la
portion mal à propos rendue par le père dont elle est l'unique héritière.

Au § 4, du même texte, autre dérogation à peu près
sembable : En se constituant une dot, une fille stipule que
si elle meurt sans enfants, cette dot sera rendue à sa mère.
C'est comme si elle avait stipulé au profit d'une étrangère.
Néanmoins, lorsque l'héritier de la jeune fille aura payé
cette dot à la mère, il pourra opposer une exception au
mari qui viendrait la lui réclamer au mépris de la convention.

Une obligation naturelle a pu tout au moins naître de ce
pacte fait en dehors des règles du droit civil, mais auquel
du moins a présidé un grand intérêt d'affection. Il est à
remarquer que le lien de la nature tendait de jour en jour
à se substituer aux rapports du droit civil, dans les stipulations matrimoniales comme dans les successions. Le § 11,
de la loi 5, *De jure dotium*, nous en fournit une dernière
preuve : *Non jus potestatis*, dit-il, sed parentis nomen,
dotem profectitiam facit.

CHAPITRE III

DES CONVENTIONS PROHIBÉES.

Dans le chapitre précédent nous avons examiné ce qui concernait les personnes et leur intervention dans les pactes dotaux. Nous allons maintenant considérer le fond même, la substance des conventions, afin de distinguer celles qui sont permises de celles que prohibent les lois. Une analyse complète à cet égard prendrait des proportions trop grandes pour le cadre que nous nous sommes tracé. Suivant la méthode que nous avons employée jusqu'ici, la seule au reste qui soit à notre portée, nous essaierons de former une théorie par le rapprochement des textes de notre titre. Le premier avantage de ce système sera de nous dispenser de mettre sous une rubrique spéciale ce qui a trait aux conventions permises. L'étude en serait si longue, que les compilateurs de Justinien eux-mêmes ne l'ont pas entreprise; ils se sont contentés de trancher les situations douteuses. Mais comme ce qui est permis doit être, dans les cas litigieux, rapproché de ce qui est défendu, c'est sous la même rubrique des conventions prohibées, que nous traiterons des clauses illicites et des clauses douteuses.

Paul, dans la loi 12, § 1, h. t., pose le principe suivant : « Parmi les pactes que l'on a l'habitude de conclure soit avant, soit après le mariage, les uns sont subordonnés à la seule volonté des parties : ceux notamment qui portent que la femme s'entretiendra avec la dot qu'elle a promise, et qui ne lui sera point réclamée avant le mariage; ou bien encore, qu'elle comptera.à son mari une somme d'argent déterminée, à la condition d'être nourrie par lui. Les autres sont dominés par le droit : ceux par exemple qui déterminent l'époque où la dot sera payée ; la manière dont la restitution en sera faite ; et dans ces derniers, la volonté des contractants n'est pas toujours respectée. Que si l'on convenait que la dot ne sera jamais payée, la femme se trouverait sans dot. »

La volonté des parties fait la loi, chaque fois que l'autorité du droit civil n'y met point obstacle. Telle est la maxime juridique qui restreint la liberté des conventions. Elle s'applique d'une manière toute spéciale aux conventions dotales, ainsi que nous le fait entendre le jurisconsulte ; et il signale entre autres conventions soumises au contrôle de la loi, celles qui ont trait au paiement et au mode de restitution de la dot. Cette énumération n'est pas limitative. Pour être complète, d'après le titre du *Digeste* que nous avons sous les yeux, elle devrait comprendre : 1° les clauses relatives au paiement de la dot ; 2° celles qui touchent à la gestion du mari ; 3° celles qui dissimulent des donations entre époux ; 4° celles qui intéressent les mœurs publiques ; 5° celles qui ont pour objet la restitution de la dot à la femme.

I. *Des conventions qui ont trait au paiement de la dot.* — Depuis Caracalla, l'obligation de fournir une dot incombait à tous les pères de famille ; mais il leur était possible de reprendre la dot constituée, en stipulant qu'elle ne leur serait jamais réclamée. Une telle stipulation n'était pas nulle, si d'ailleurs toutes les parties intéressées y avaient pris part. Mais elle avait pour résultat de laisser la femme *indotatam* et de l'autoriser à porter sa demande devant le préteur ou le *Præses provinciæ*, pour se faire constituer une dot (1). De même, la convention portant que la dot déjà promise ne sera payée qu'après la dissolution du mariage, doit être tenue pour bonne. Elle n'honore point le père de famille ; mais lorsque sa volonté est expressément manifestée, la loi n'en empêche pas l'exécution. Nous avons déjà cité sur ce point le f. 20, *De jure dotium;* il nous reste à faire connaître l'opinion d'Ulpien dans le f. 11, de notre titre : « Lorsqu'un père, en promettant une dot, exige par un pacte qu'elle ne soit réclamée ni de son vivant, ni tant que durera le mariage, l'empereur Sévère a décidé qu'il fallait entendre ce pacte comme s'il ne restreignait la demande que *pour la vie du père.* La piété filiale et la volonté des contractants doivent être en même temps satisfaites, par une limitation de la convention à la vie durant du père de famille. Autrement, les fruits de la dot destinés à subvenir aux charges du mariage seraient perçus hors de saison ; et l'on pourrait croire *à la honte de la femme, qu'elle n'a jamais eu de dot.* »

Par conséquent, il n'est pas défendu de stipuler le paiement de la dot pour une époque postérieure à la dissolution du mariage. Une telle convention n'est pas, il est vrai, sans inconvénients ; elle peut laisser croire que la femme n'a jamais eu de dot, d'où l'on induit le plus souvent, *quod indignissimum est,* qu'elle vit en état de concubinat plutôt qu'en état de mariage. Mais tout cela n'est nullement illégal. A quelle défense fait donc allusion le § 1 de la loi 12, lorsque, signalant les clauses *quæ ad jus pertinent,* il cite : *quando dos petatur?* Se réfère-t-il à un temps où dure encore le mariage et pendant lequel la pétition de dot serait inter-

(1) Dig., L. 19, *De ritú nuptiarum.*

dite? C'est évidemment impossible. Il faut donc rapporter la prohibition à la période de temps qui s'écoule entre la promesse de dot et la célébration du mariage. Il peut arriver que, dans cet intervalle, la tradition de la chose promise en dot s'accomplisse; mais ce qui est juridiquement impossible, c'est que l'*accipiens* détienne la chose *dotis causâ*, et usucape *pro dote* avant le mariage. Il ne peut pas davantage *dotem petere* avant cette époque, et aucune convention n'aboutirait à lui donner un tel droit. Ce qui n'empêche pas que, dans les mêmes circonstances, la *petitio rei* avec l'idée d'une dotalité ultérieure, ne soit parfaitement licite, et ne puisse faire l'objet d'un pacte licite (1).

II. *Clauses qui touchent à la gestion du mari.* — Nous lisons dans la loi 4, h. t. : « Une convention dans laquelle il est dit que les fruits seront ajoutés au capital de la dot, est-elle valable ? Marcellus, au livre VIII de son Digeste, répond négativement, parce que d'un tel pacte il résulte que la femme est en quelque sorte sans dot. Cependant, il fait une distinction : si la femme a véritablement donné la dot, sous la condition que les fruits lui seraient rendus, le pacte ne peut être maintenu ; il en sera de même, si elle a constitué un usufruit sous la même condition. Mais si cette restitution de fruits avait été ainsi envisagée, que tous les fruits perçus formeraient la dot, et si le fonds ou l'usufruit a été donné, non pas pour servir de dot, mais pour ménager au {mari la perception des fruits qui doivent en servir, il sera tenu d'en opérer la restitution. De cette manière, les fruits seront dotaux, et le mari jouira

(1) Voir Dig., *De jure dotium.*

3

du revenu de ces fruits convertis en capital. » Ainsi donc, ajoute le jurisconsulte, il faut bien considérer quelle est l'idée qui a présidé à la constitution de dot. La femme, en se réservant que les fruits seraient capitalisés, à pu constituer un avantage très sérieux pour son mari. Supposons que les revenus annuels dont il s'agit soient de quatre cents, et qu'à défaut de la convention sus-visée la femme n'eût donné pour dot que trois cents, le mari n'aura pas à se plaindre d'un accommodement qui l'enrichit. Il n'aurait pas non plus beaucoup à risquer, si moyennant cette clause, que les revenus annuels serviront de dot, la femme consentait à s'entretenir elle-même et les siens.

Par ce qui précède, l'on peut juger de l'importance que les femmes romaines attachaient à leur apport dotal. Elles avaient surtout à cœur de fournir une dot suffisante pour leur propre entretien ; d'être traitées comme des femmes, et non comme des concubines à la charge du mari. Aussi supposait-on que la restriction apportée dans certains cas à la jouissance dotale du mari n'était que dérisoire ; qu'on devait la considérer comme non avenue, parce qu'elle amenait une position à peu près infamante. De la convention, on ne retenait que l'objet principal, la constitution de dot. On écartait comme *turpis*, la clause accessoire : *utile per inutile non vitiatur.*

Par contre, le mari ne pouvait stipuler qu'il ne répondrait que de son dol dans la gestion de la dot. Ulpien (1) fait observer qu'une pareille clause ne saurait se légitimer même par l'intérêt actuel des époux. Leur volonté est ici dominée par la volonté plus clairvoyante de la loi. Une femme ne peut renoncer à la protection dont le lé-

(1) L. 6, h. t.

gislateur a entouré sa dot. L'intérêt général empêche qu'aucune des garanties de restitution ne soit abandonnée ; et celle qui fait peser sur le mari propriétaire la responsabilité de ses fautes, est une des plus sérieuses. Cependant, il est des situations dans lesquelles Ulpien lui-même reconnaît que la responsabilité du mari doit être dégagée. Il approuve la clause qui laisserait à la femme le risque d'une dot constituée par délégation de l'un de ses débiteurs. Si, en effet, la loi protége la dot, c'est à la condition qu'elle ait été dûment constituée ; il serait injuste de faire supporter au mari la perte d'une créance véreuse que lui aurait transmise sa femme. Une obligation de cette nature serait tout simplement une donation forcée. Nous n'avons pas à nous étendre sur les hypothèses de responsabilité qui se présentent, lorsque la dot a été promise par un débiteur de la femme et en son non (1).

Quant aux devoirs du mari, ils sont résumés dans la loi 17 de Paul, *De jure dotium* : *Præstare oportet tam dolum quam culpam, quia causâ suâ dotem accipit ; sed etiam diligentiam præstabit quam in suis rebus.* En qualité de *propriétaire*, il doit à la dot les mêmes soins qu'à ses propres biens. Comme nous l'avons déjà prouvé, il ne peut s'affranchir d'une telle responsabilité.

Quid de certaines combinaisons aléatoires, qui ont pour objet de substituer le prix de vente de la dot estimée à la dot elle-même ? Elles sont licites ou défendues suivant les cas. En principe, l'estimation vaut vente ; de telle sorte qu'à la dissolution du mariage *morte mariti*, c'est le prix d'estimation qui est dû et non la chose. Lorsque la dot consiste en une chose de genre, elle est, selon la règle

---

(1) Cf. LL. 36, 37, etc., D., *De jure dotium.*

générale, restituable *in genere*. C'est donc aux *species* le plus souvent que s'applique l'estimation, quoiqu'il puisse arriver que l'on substitue leur valeur en argent à une certaine quantité de choses fongibles.

A côté des estimations dont nous venons de parler, il en est d'autres *taxationis causâ*, faites dans le seul but de déterminer par avance le dommage à payer, lorsque la dot se perd *culpâ mariti*. Nous devons ajouter qu'il est encore permis de convertir durant le mariage la dot mobilière en dot immobilière, moyennant le consentement de la femme ; et de changer par une estimation, dans les mêmes circonstances, l'obligation du mari à la restitution de la chose, en obligation de payer une somme d'argent. Ces diverses facultés ont des limites, et nous allons les fixer au moyen d'exemples puisés dans notre titre.

« Lorsqu'un fonds est donné en dot avec estimation, et que la femme stipule que tout ce qui dépassera l'estimation dans la vente du fonds sera dotal, Mela est d'avis que le pacte doit être maintenu, puisque, par contre, elle peut convenir que si le fonds se vend au-dessous de l'estimation, elle sera débitrice de la différence. » Quoique l'estimation ait pour effet de donner au mari le rôle d'acheteur du fonds, on ne doit pas, en matière de dot, appliquer les principes de la vente dans toute leur rigueur. Ulpien le recommande dans la loi 16, *De jure dotium* : *Non simplex venditio est*, dit-il, *sed dotis causâ*. Aussi est-il de principe que l'esprit de spéculation doit, autant que possible, être banni. S'il y a une différence entre la valeur de la chose et l'estimation, on suppose qu'il y a eu erreur involontaire, laquelle doit être réparée dans les circonstances où elle entraînerait une donation indirecte et prohibée. Dès lors, il ne faut point s'étonner que l'équité, environnée d'un si grand respect, puisse faire l'objet d'une convention, et que si le mari est censé rendre après le mariage la dot qu'il a reçue, il puisse s'engager à compléter une estimation qui autrement serait pour lui la source d'un bénifice sur les biens de sa femme.

Le § 4 renferme la même idée : « Si la femme a fait pacte, pour que le prix plus ou moins élevé auquel le fonds sera vendu devienne dotal, il faut s'en tenir à ce pacte, sauf pour la femme à demander à son mari une valeur égale à la dépréciation survenue par sa faute. » C'est toujours le même système de réciprocité qui est consacré par la loi ; seulement le mari est tenu de gérer la dot en bon père de famille.

Au même point de vue que la précédente, la loi 24, h. t , suppose : qu'après avoir promis une somme d'argent, une femme donne en dot des esclaves, sous la condition qu'ils seront à ses risques ; mais que les enfants, s'il en naît, lui appartiendront. Une telle convention n'a rien que de licite, puisque, entre mari et femme, il peut être convenu que la dot comptée en argent sera transformée en corps certains, dans l'intérêt de la femme. On aurait pu dire, jusqu'à un certain point, dans une espèce semblable, que la conversion d'une dot fongible en un corps certain aggravait la position de la femme, en mettant à ses risques la perte fortuite de la chose. Mais lorsque son intérêt préside à la modification et qu'elle y intervient, une garantie se rencontre, laquelle légitime l'application des principes ordinairement reçus en matière de risques. D'ailleurs, dans le cas actuel, le pacte sert de compensation à une mortalité éventuelle dans le troupeau d'esclaves.

Arrivons à la contre-partie des solutions qui précèdent. Scœvola, L. 29, h. t., expose : Qu'un mari, après avoir reçu des immeubles avec estimation, convient, durant le mariage et pour léser sa femme, que ces immeubles seront considérés comme non estimés, se réservant ainsi de les dégrader impunément. Faudra-t-il s'en tenir à l'estimation première et, sans faire aucun cas de la convention nouvelle, laisser les immeubles aux risques du mari ? Le jurisconsulte pense qu'il faut attendre les faits. Un droit existe, celui de changer la nature de la dot ; le mari peut user de ce droit, même avec une intention mauvaise. Si la femme a consenti à ce que la vente fût non avenue, la convention tiendra, puisqu'elle n'enrichit pas le mari ; elle tiendra, quoique faite pendant le mariage. Mais comme les immeubles doivent être restitués à la femme, le dol qui en aura amené la dépréciation sera imputable au mari.

III. *Clauses qui dissimulent des donations entre époux.* — Pendant une période d'à peu près trois siècles, les donations entre époux ont été absolument prohibées. Tout pacte dotal qui avait pour but d'éluder cette prohibition introduite, dit-on, par la coutume, devait être considéré comme non avenu. C'est d'après ces données qu'ont été écrits les quelques textes que nous avons à examiner en ce moment. Leur publication est nécessairement antérieure à la constitution des empereurs Sévère et Caracalla, qui valide toutes les donations entre époux non révoquées par le donateur avant sa mort.

Julien, L. 22, h. t., discute l'espèce suivante : Un mari avait promis à sa femme, à titre de rente annuelle, les revenus du fonds qu'elle lui avait apporté en dot. Ce fonds avait été affermé par la mère de la femme, laquelle était morte sans avoir payé le fermage, en laissant sa fille héritière. En cette qualité, cette dernière était actionnée par son mari en paiement du prix de bail. La femme qui, jusques à cette époque, n'avait pas eu d'action pour obtenir l'émolument du pacte, se retranchait derrière l'exception dont elle pouvait enfin se prévaloir. Mais cette exception lui fut refusée, parce que la promesse d'une rente annuelle devait être regardée comme une donation de la part du mari.

Si le texte porte que l'obligation de se fournir des aliments invoquée par la femme ne devait point être prise en considération, c'est que probablement elle était dérisoire. Entre époux, les contrats à titre onéreux étant permis, la question de savoir s'il y avait donation prohibée devait se résoudre en fait. Ainsi, nous avons déjà vu sous la loi 4 que le mari pouvait laisser à sa femme les revenus de la dot, *ut se suos que alat.* Il n'en conservait pas moins pour cela l'administration actuelle de cette dot, et le droit à une propriété irrévocable, en cas de prédécès de sa femme.

L'explication de la loi 27, de Pomponius, peut rentrer sous le présent paragraphe. Des difficultés de traduction nous ont fait hésiter longtemps entre deux partis à prendre. Deux sens également admissibles se présentent pour l'interprétation de ce texte ; il s'agit d'un pacte nul ou pour cause de donation, ou bien parce qu'il est contraire aux mœurs. Afin de ne pas nous tromper dans le choix, nous développerons successivement les deux systèmes. Le texte est court, nous le citons en entier : *Si liberis sublatis reversa post jurgium per dissimulationem mulier, veluti venali concordio, ne dotata sit conveniat, conventio secundum ordinem rei gestæ moribus improbanda est.*

Première explication : « Si, sans tenir compte des enfants, une femme qui revient après un divorce simulé, stipule de son mari, par une sorte de raccommodement vénal, qu'elle sera sans dot, d'après ce qui s'est passé, la convention est contraire aux mœurs (qui proscrivent les donations). » Ainsi comprise, la loi veut dire qu'une femme a simulé un divorce afin de retirer sa dot des mains du mari. Ce but est d'autant plus évident, que le mari, si le divorce eût été sérieux, aurait à coup sûr retenu sur la dot la part que la loi lui attribue pour chaque enfant. Il n'a pas opéré cette rétention, *liberis sublatis*. De plus, afin de réaliser en entier le retrait de la dot, et d'échapper dans le nouveau mariage aux dispositions de la loi 30, *De jure dotium*, la femme a soin de stipuler que désormais elle n'aura plus de dot. Toute cette procédure serait licite, si elle reposait sur un divorce sérieux ; mais comme en fait il n'y a point divorce, les concessions faites par le mari doivent être réputées consenties pendant le mariage. Il y a de lui à sa femme une donation *quæ moribus improbanda est*, parce que, comme le dit Ulpien (1), *moribus apud nos receptum est, ne inter virum et uxorem donationes valerent*.

DEUXIÈME EXPLICATION : « Si une femme, après un divorce simulé, dans lequel elle a enlevé les enfants à son mari, a mis son retour au prix d'une convention qui la déclare sans dot, cette convention ainsi faite doit être déclarée *immorale*. » D'après cette traduction, le divorce, quoique cachant une ruse de la part de la femme, est tenu pour bon ; il n'y a donc pas donation entre époux. Mais, d'un autre côté, la femme vend son retour et celui de ses enfants pour mettre à profit le divorce qu'elle a simulé. Le pacte par elle arraché à son mari renferme

---

(1) L. 1, D., *De donationibus inter virum et uxorem*. Cf. L. 31, *De jure dotium*.

un élément immoral qui le rend inutile. Par conséquent, tout doit se passer comme s'il n'avait pas existé ; et puisqu'en son absence, la dot du premier mariage serait présumée avoir été affectée au second, le mari la conservera et pourra la recouvrer au besoin. Ce système a sur le premier l'avantage d'une grande simplicité. A la rigueur, nous en retrancherions l'idée que la femme a emmené avec elle les enfants, légalement soumis à la puissance de leur père. De cette façon, le résultat resterait le même et la solution serait plus juridique. La femme aurait bénéficié de la portion à retenir, à cause des enfants ; ce serait son simple retour qu'elle aurait mis à prix.

Nous n'hésiterions pas à sacrifier la première opinion, si nous avions le moyen de nous convaincre que le livre I des *Définitions* de Papinien a été écrit postérieurement à la célèbre *Oratio principis*. La loi 32, D., *De donationibus inter vir*, etc., dit qu'elle fut prononcée du vivant de Septime-Sévère. C'est après sa mort et l'assassinat de Bassien que les historiens placent la mort tragique de Papinien. Il est possible que le livre I des *Définitions* ait été composé lorsque les donations entre époux étaient déjà autorisées.

Le pacte par lequel le mari s'interdirait de réclamer les impenses nécessaires faites dans l'intérêt de la dot, pourrait servir de couvert à des libéralités défendues ; aussi est-il déclaré illicite. Les impenses diminuent la dot *ipso jure* (1).

Un dernier texte, qui se rapporte aux donations entre époux, forme la loi 34 de notre titre : Si entre mari et

_____
(1) L. 5, § 2, D., h. t,

femme une convention règle que les fruits non encore
perçus à la fin du mariage appartiendront à la femme,
elle est parfaitement valable. On ne peut voir une libéralité
dans le fait de rendre à la femme un immeuble dotal avec
ses accessoires. Le mari a fait usage de la dot suivant les
besoins du ménage ; elle n'a donc pas été détournée de
sa destination. D'autre part, le mari ne subit aucun appau-
vrissement, *nihil de suo impendit*, en abandonnant les
fruits non détachés d'un fonds dont il n'est plus, pour ainsi
dire, possesseur de bonne foi.

Avant de passer à un autre ordre d'idées, nous nous
demanderons pourquoi l'on fait presque toujours allusion
à des donations du mari à la femme, et très peu à des
libéralités de la femme au mari. En d'autres termes, les
donations de la femme au mari devaient-elles être considérées comme des suppléments de dot ? Les textes font
allusion à ce qui se passait le plus habituellement. La
femme apportant une dot n'avait plus que très peu de
donations à faire à son mari ; au contraire, elle était en
droit d'attendre de lui des gains de survie équivalents à
ceux que renfermait la dot. Ces gains de survie devinrent
même obligatoires quelque temps avant Justinien. Mais,
pour rentrer dans la question, il pouvait y avoir de la part
de la femme des donations distinctes de la dot, prohibées
dans les commencements, et plus tard révocables. On ne
confondait pas l'objet d'une simple libéralité, soumise aux
règles du droit commun avec la dot réversible, inaliénable, régie par un droit spécial.

IV. *Clauses qui intéressent les mœurs publiques.* — Le
principe d'un ordre supérieur qui défend de déroger par
des conventions particulières aux lois qui intéressent les

mœurs, offre dans notre matière des cas d'application spéciaux : *Illud convenire non potest, ne de moribus agatur... ne publica coercitio, privatâ pactione tollatur* (1).

A l'expression *mores* est attachée, dans l'espèce, une signification moins large que celle qu'elle comporte d'habitude. Le mari qui renoncerait à agir contre sa femme *de moribus*, s'interdirait par avance de faire prononcer contre elle une peine pécuniaire attachée à son inconduite. Ulpien en parle dans les §§ 9, 11 et 12, au titre VI, de ses *Règles : Retentiones ex dote fiunt propter liberos, aut propter mores... Morum graviorum quidem sexta retinetur ; leviorum autem octava. Graviores mores sunt adulteria tantum, leviores omnes reliqui.*

La loi donnait au mari une action pénale privée contre les mauvaises mœurs de sa femme ; comme toutes les actions pénales privées, elle entraînait la condamnation à une somme d'argent dont il bénificiait. C'est cette somme qu'il obtenait par voie de rétention sur la dot non rendue. Elle était plus ou moins considérable, suivant que l'atteinte aux mœurs avait été grave ou légère. L'adultère seul était, nous dit Ulpien, considéré comme une atteinte grave ; il donnait droit à une rétention du sixième. Les autres vices, tels que l'ivrognerie, assez fréquente paraît-il chez les matrones romaines, donnaient lieu à une rétention du huitième de la dot.

Lorsque la rétention n'avait pas été opérée, le mari avait à sa disposition une action spéciale *de moribus*, pour obtenir l'indemnité à laquelle il avait droit. Renoncer à cette action, c'eût été donner une prime d'encouragement à des désordres, dans lesquels le mari ne pouvait trouver

_____

(1) L. 5, D., h. t.

d'ailleurs qu'un fort médiocre intérêt; aussi le pacte était-il déclaré nul.

En nous attachant au texte d'Ulpien, nous avons négligé les dispositions plus générales de la loi 5 de notre titre. Elle frappe du même coup la renonciation du mari et celle de la femme; car la femme aussi avait une action *de moribus* contre son époux débauché. Pour en déterminer l'émolument, on séparait encore les *graviores mores* des *leviores*. Le délai de trois ans accordé au mari pour la restitution de *res dotales* fongibles, lui était enlevé dans le cas d'adultère; si la dot était de corps certains immédiatement réversibles, on le condamnait à en payer le revenu de trois ans. Le délai de la restitution réduit à trois semestres servait de peine aux *mores leviores*.

Niebuhr, par un savant calcul, démontre que le sixième de la dot équivaut précisément à la somme des intérêts que rapporte cette même dot dans les délais de la restitution faite par portions égales en trois annuités; que le huitième représente la somme des intérêts perçus dans les délais d'une restitution opérée par tiers chaque semestre. D'après lui, en d'autres termes, la peine supportée par le mari serait absolument égale à celle que la loi inflige à la femme. Mais pour en arriver à cette solution, il s'appuie sur des données fortement contestées; il suppose une année de dix mois, un intérêt annuel de $\frac{1}{12}$ du capital; et dans l'hypothèse des *mores leviores*, il fixe la restitution du premier tiers au commencement du premier semestre, renfermant ainsi la restitution intégrale dans le délai d'un an.

Suivant son calcul, le mari adultère perdrait l'intérêt du premier tiers pendant un an, soit $\frac{1}{16}$ du capital; l'intérêt du deuxième tiers pendant deux ans, soit $\frac{2}{36}$ du capital;

celui du troisième tiers pendant trois ans, ou $\frac{3}{36}$ du capital. En additionnant $\frac{1}{36} + \frac{2}{36} + \frac{3}{36} = \frac{6}{36} = \frac{1}{6}$, portion retenue sur la dot de la femme.

Ob leviores mores, le premier tiers, restitué immédiatement, ferait perdre au mari l'intérêt d'un tiers pendant un an, soit $\frac{1}{36}$ du capital ; le second tiers, normalement restituable après deux ans et restitué après six mois, lui ferait perdre un an et demi de son intérêt, soit $\frac{1}{36}$ et demi ou $\frac{3}{72}$; le troisième tiers, restitué au bout d'un an, compterait pour une perte de deux ans d'intérêt, soit $\frac{2}{36}$, en ajoutant $\frac{1}{36} + \frac{3}{72} + \frac{9}{36} = \frac{9}{72} = \frac{1}{8}$, quotité exacte de la rétention à opérer contre la femme.

Quelque séduisant que soit ce calcul, il répugne trop au texte du § 13, titre VI, des *Règles* d'Ulpien, pour qu'on puisse l'accepter dans son ensemble (1).

Une convention qui aurait pour objet de paralyser entre les mains du mari l'action *rerum amotarum*, serait nulle comme la précédente. Paul (2) la déclare vicieuse, attendu que, par elle, *ad furandum mulieres invitantur*. Cette action *rerum amotarum* avait été inventée pour suppléer l'action *furti*, laquelle, vu son caractère infamant, n'était jamais donnée contre des personnes à qui le demandeur devait respect ou affection. De même que l'on ne pouvait pousser au vol, en s'interdisant de poursuivre un voleur quelconque, de même le mari ne pouvait s'engager à laisser impunies les soustractions frauduleuses de sa femme. A ce motif moral venait d'ailleurs s'en ajouter un autre puisé dans les principes du droit. L'abandon de l'action *rerum amotarum* est tout simplement un moyen de réaliser indi-

(1) Voir M. Pellat, Commentaire du titre *De jure dotium*, p. 29.
(2) L. 5, § 4, h. t.

rectement une donation défendue. C'est pourquoi Paul (1)
autorise, après le divorce, la transaction que dans la loi 5
il déclare impossible entre époux.

V. *Clauses qui ont pour objet la restitution de la dot à la
femme.* — *Interest reipublicæ dotes mulierum salvas esse, propter quas nubere possint.* « Il est d'intérêt public que leur
dot soit conservée aux femmes, pour qu'elles trouvent des
maris. » Telle est la loi plus utilitaire que morale qui domine
le présent paragraphe.

« Si l'on convient que la dot restera au mari, de quelque
manière que se produise la dissolution du mariage, lorsqu'il
en restera des enfants, Papinien est d'avis, ainsi qu'il le
répondait au préteur Junianus, que la convention ne doit
pas être réputée faite en prévision du décès du mari pendant le mariage. Et si réellement elle avait été conclue pour
cette éventualité, on ne devrait pas la tenir pour valable
lorsque surviendrait ce prédécès (2). » La loi 1, § 1 *in fine,
De dote prælegatâ,* s'exprime avec plus de clarté. Elle
expose que la condition normale de la dot, celle que lui
fait la loi, ne peut être rendue plus mauvaise par l'effet des
conventions particulières, lorsque la femme survit au mariage. La présence des enfants ne saurait rien changer à
cet état de choses, que dans la limite de ce qui est permis
par les lois sur le divorce. Décider que la propriété de la
dot sera définitive pour le mari, c'est donc embrasser une
hypothèse, régler une situation que la loi met au-dessus des
conventions privées, celle de la survivance de la femme.
La prohibition s'étend même aux diminutions de dot, au

(1) L. 20, h. t.
(2) Ulpien, L. 2, h. t.

droit de retenir une portion par enfant, que la femme ou son père consentirait en dehors de l'éventualité d'un divorce *culpâ mulieris*. Sur ce point, la const. 3, C., *De pactis conventis,* est complétée par la constitution 6 au même titre, de laquelle on peut tirer un argument *à contrario* : *Cum deteriorem causam dotis, in quem casum soli patri repetitio competit, pacto posse fieri autoritate juris sœpissimè sit responsum.* La situation du père par rapport à la dot est toute différente de celle de sa fille. Il peut librement aggraver sa position, *deteriorem causam facere,* alors que la femme ne pourrait consentir des accords préjudiciables pour sa dot.

Une autre manière de porter atteinte à la dot, serait d'en laisser la jouissance au mari plus longtemps que la loi ne le permet. « Il est de principe, dit Paul (1), que l'on peut fixer par un pacte l'époque de la restitution de la dot, pourvu que la condition de la femme ne soit pas amoindrie. » « C'est-à-dire, ajoute Gaius (2), que l'on peut en avancer la restitution. » « Mais, continue Paul (3), on ne peut convenir qu'elle sera rendue dans un plus long délai, pas plus qu'on ne peut la déclarer irréversible. »

Dans la pratique, on assignait pour la restitution de la dot des termes d'une longueur égale à ceux que l'on avait fixés pour sa constitution. Jusqu'au point où les délais ne dépassaient pas l'*anua bima, trima dies* déterminée par la loi, ces conventions étaient valables. Mais si, conformément à l'exemple rapporté par Proculus (4), on avait pris

(1) L. 14, h. t.
(2) L. 15, h. t.
(3) L. 16, h. t.
(4, L. 17, h. t.

cinq ans pour compter la dot, on ne pouvait en étendre la
restitution sur une aussi grande échelle.

Il en serait autrement, si la dot avait déjà perdu le caractère qui la rend privilégiée entre les autres biens de la
femme. Après le divorce notamment, et sous le bénifice
d'une *justa causa*, le bien jadis dotal pourrait être retenu
par le mari aussi longtemps qu'il conviendrait aux parties.
Mais alors on n'agirait ni sur une dot, ni en qualité de
mari et de femme (1).

A la suite des textes qui précèdent, se range, comme
pour les contredire, la loi 19 d'Alfenus : « *Aliud est*, dit-
elle, lorsqu'un père, promettant une dot pour sa fille, s'est
réservé de ne la payer qu'en cinq annuités ; accordant au
reste, après le mariage, le même délai pour sa restitution.
Ce pacte sera valable, si la fille héritière de son père y est
intervenue. » Or, nous venons de lire (2), qu'une convention de cette nature était valable dans *le seul cas où soli
patri repetitio competit*. Dans l'espèce, c'est avant tout en
qualité de femme que la *filia* répètera sa dot. C'est à elle
d'abord et plutôt qu'à son père que compète l'action. Dès
lors qu'elle survit au mariage, il ne doit plus être question de dot profectice réversible en cette qualité ; de plus,
la condition à laquelle était attachée la validité du pacte,
la survivance exclusive du père est défaillie. Comment
expliquer le texte d'Alfenus ? Aurait-il subi une interpolation ? Mais Justinien, l'empereur *uxorius*, s'est montré encore plus favorable que ses prédéceseurs aux restitutions
intégrales et immédiates. Il supprime (3) le droit de réten-

(1) En ce sens, L. 18, h. t.
(2) Const. 6, *in fine*, C., *De pactis conventis*.
(3) L. un., § 5, C., *De rei uxoriæ actione*.

tion dans les circonstances où ses prédécesseurs l'avaient autorisé. Il réduit à un an (1) le délai précédemment accordé pour la restitution des choses fongibles. En présence de l'opinion de Paul, Gaius, Proculus et Julien, unanimes pour interdire le genre de pactes dont il s'agit, nous devons croire qu'ils étaient réellement interdits par la loi.

CHAPITRE IV

DE L'INTERPRÉTATION FOURNIE PAR LES JURISCONSULTES SUR CERTAINES CLAUSES DOUTEUSES.

Les règles d'interprétation des pactes dotaux ne diffèrent pas de celles que l'on applique aux conventions d'une autre nature.

Lorsque la volonté des parties semble contraire à la loi, il est mieux, en cas de doute, de supposer qu'elles ont voulu s'y conformer. C'est pourquoi dans la loi 2, h. t., déjà citée, l'expression *quoquo modo dissolutum sit matrimonium* est censée exclure l'hypothèse du prédécès du mari.

L'interprétation littérale doit être suivie, lorsqu'il n'y a pas d'autre donnée sur laquelle on puisse baser une interprétation différente. En ce sens, Paul dit, dans la L. 3, h. t. : « Les pactes dont l'effet est rapporté au temps du divorce, n'ont d'efficacité qu'autant que le divorce intervient. » De même, le pacte qui attribuerait au mari la propriété de la dot, au cas la femme prédécèderait en mariage, doit être

(1) *Ibid.*, § 7.

4

judaïquement exécuté, bien qu'il ne reste pas d'enfants (1). L'usage est cependant de ne laisser la dot profectice au mari que pour l'entretien des enfants nés du mariage. Mais la teneur de la convention doit prévaloir sur l'usage, alors surtout que cette convention n'est pas le moins du monde contraire aux mœurs.

La loi 24, h. t., dit encore : Si le pacte qui attribue au mari une portion de la dot pour chaque enfant survivant, ne fait pas de distinction entre les enfants, on ne doit pas non plus en faire dans son exécution. Par conséquent, on tiendra compte des enfants déjà nés au moment où la dot a été constituée, aussi bien que de ceux qui ont été procréés depuis.

Une interprétation morale devrait toujours être préférée à une interprétation immorale. La bonne foi et l'honnêteté se présument en toute circonstance; à plus forte raison entre futurs conjoints. Aussi dans l'espèce de la loi 11, h. t., faut-il supposer que la stipulation faite par le père, au sujet du paiement de la dot, n'a pour but de retarder ce paiement que jusqu'à l'époque de sa mort, plutôt que d'admettre que ce père a voulu infliger à sa fille le déshonneur de paraître *sans dot*.

Une convention faite pour créer une action doit être à *fortiori* un moyen d'exception : *Quod de reddendâ dote convenit... Idem de non petendâ convenisse videtur* (2).

La bonne foi et l'équité naturelle doivent avant tout être considérées. Par exemple : le mari qui s'est obligé à *faire transporter sa femme à ses frais, partout où elle ira*, aurait mauvaise grâce à lui refuser après coup le remboursement

(1) L. 12, h. t.
(2) Ulpien, L. 25, h. t.

des dépenses qu'elle aurait exposées pour venir lui donner des soins en province, en cas de maladie (1).

Si les lois de la nature offrent un moyen de solution pour la difficulté, c'est à elles que l'on doit recourir. Une femme et son enfant périssent dans un naufrage ; le mari doit conserver la dot si l'enfant survit à sa mère ; il est naturel de supposer que l'enfant plus faible a succombé le premier. Le mari sera donc tenu de rendre la dot aux héritiers de sa femme (2).

Lorsque, entre deux effets de la convention, l'un doit être illusoire parce qu'il se serait produit tout de même à défaut de cette convention, c'est pour aboutir à l'autre effet qu'on doit la supposer conclue. Il serait inutile, par exemple, de stipuler que la femme étant morte en mariage et sans enfants, la dot profectice sera rendue à son père. Mais la convention se comprend en ce sens que la dot sera maintenue dans le patrimoine du mari, s'il lui reste des enfants (3).

Papinien propose une espèce (4), dans laquelle le père de famille, en faveur de qui doit se réaliser la stipulation dotale, a pour successeur le fisc, par suite d'une condamnation majeure. D'après les termes de la stipulation, le retour de la dot doit s'effectuer à l'avantage du père, « si la fille meurt en mariage. » En supposant que le mari prédécède, ou que la femme ait divorcé, le fisc n'aura pas d'action *ex stipulatú*. Une interprétation stricte est surtout équitable, lorsqu'elle a pour effet de conserver leurs biens

---

(1) L. 26, § 3, h. t.
(2) L. 26, *Princip.*, h. t.
(3) L. 26, § 2, h. t.
(4) L. 26, § 5, h. t.

à des particuliers, à l'encontre des prétentions pénales de l'état.

Quoique l'on suppose aux parties contractantes l'intention d'aboutir à un résultat sérieux et positif, il ne serait pas permis d'aller à l'encontre d'une volonté formellement accentuée, devrait-on de la sorte priver le pacte de toute efficacité. Un père qui promet de payer une dot selon son bon plaisir, n'a en définitive rien promis (1).

Ici se termine ce que nous avions à dire sur les pactes dotaux, tels qu'ils se présentaient pendant la période des grands jurisconsultes. Pour compléter notre étude, il nous reste à parler de la manière dont les conventions matrimoniales se formèrent après cette époque et jusqu'au temps de Justinien.

Une réforme importante fut introduite par les empereurs Théodose et Valentinien. En 428, ils élevèrent les pactes dotaux au rang de *pactes légitimes*. Une *condictio ex lege* fut accordée à la place de l'exception de pacte dont on devait auparavant se contenter (2). Depuis longtemps déjà s'était introduit l'usage des *instrumenta dotalia*. Une constitution des empereurs Dioclétien et Maximien, qui remonte par conséquent à la fin du troisième siècle, déclare que ces *instrumenta* ne sont pas indispensables à la validité du mariage (3). Cette déclaration est renouvelée par Théodose et Valentinien qui en précisent la portée : Le seul consentement, disent-ils, suffit au mariage des personnes d'égale

(1) L. 32, § 1, h. t.
(2) Const. 6, C., *De dotis promissione*.
(3) Const. 13, Cod., *De nuptiis*.

condition. Ce n'est que dans l'hypothèse d'une mésalliance que la constatation écrite d'un apport dotal doit faire tomber la présomption d'illégitimité qui s'attache à l'union (1).

Justinien, rappelant les constitutions de ses prédécesseurs, y apporte un léger changement. Il s'attache plus directement à la conduite des personnes qu'à leur rang social, pour distinguer le véritable mariage du concubinat. Pourvu que les personnes soient libres, ingénues, sans mauvaise réputation, leur mariage est présumé légitime, même en l'absence d'un *instrumentum dotale* (2).

Quant aux donations faites à cause des noces, il se montre très favorable à celles qui doivent servir de compensation aux gains éventuels de la dot. L'émolument des *sponsalitia* est assimilé à celui d'un contrat à titre onéreux, alors même qu'il émane d'un tiers ; l'insinuation ne sera plus exigée pour ce genre de libéralités (3).

Les autres donations *propter nuptias* sont autant que possible assimilées à la dot ; cependant la dispense d'insinuation ne s'étend pas jusqu'à elles (4). Par contre, elles peuvent, comme la dot, intervenir durant le mariage, et sans qu'il soit possible de les révoquer, lorsqu'elles ont le caractère de gains de survie compensatoires.

Reprenant une constitution célèbre (5) de Léon et Anthemius (468), Justinien supplée l'absence d'un accord relatif aux gains de survie ; il dispose qu'ils seront réciproques comme ils l'étaient avant, et de plus d'une égalité

(1) Const. 22, C., *De nuptiis*.

(2) Const. 23, C., *eod. tit.*

(3) Authentique, avant-dernier, du titre *De donationibus antè nuptias*.

(4) Const. 20, C., *De donationibus antè nuptias*.

(5) Const. 9, C., *De pactis conventis*.

parfaite. En d'autres termes, l'augment de dot doit être
égal à la portion que le mari en aurait retenue, s'il eût sur-
vécu à sa femme (1). On sait d'ailleurs que, dans tous les
cas, la dot elle-même devait désormais retourner à la
femme ou à ses héritiers.

De nouvelles mesures vinrent à l'appui de celles qui
précèdent. Le fonds dotal fut déclaré inaliénable, malgré la
la volonté contraire de la femme (2). La largesse impériale
ne s'arrêtant plus, même aux limites d'une bonne équité,
fit de l'hypothèque légale de la femme une hypothèque
privilégiée de premier ordre. Ces réformes valurent à Justinien le surnom d'*Uxorius* que lui ont donné les historiens
du Bas-Empire.

(1) Const. 10, C., *eod. tit.*
(2) L. un., § 15, C., *De rei uxor. act.*

DES CAS DE NULLITÉ

DU CONTRAT DE MARIAGE

INTRODUCTION

Un simple exposé des cas de nullité du contrat de mariage est pour nous une tâche déjà bien respectable. Nous ne chercherons pas à l'aggraver, en nous plaçant sous le bénéfice d'observations générales ou de certaines vues d'ensemble dont la difficulté ne parviendrait pas à établir l'exactitude. Ce serait un contre-sens que de vouloir développer sous une règle invariable des situations essentiellement différentes les unes des autres. Le législateur n'a pas voulu le faire ; il a disséminé dans le Code les lois de nullité. Suivant que l'exigeait l'intérêt des parties contractantes ou des tiers, il a restreint ou étendu ces nullités dans leurs causes ou dans leurs effets, en disposant toujours, au point de vue de l'équité et de l'intérêt général, par voie de conséquence.

Il serait donc téméraire de rechercher une théorie

homogène et régulière, un enchaînement logique, dans un ensemble de dispositions que leur objet rend indépendantes. Si toutefois il était une étude de laquelle cette théorie générale pût aisément s'évincer, ce serait celle du contrat de mariage. Toutes les nullités du Code s'y donnent rendez-vous : nullités du mariage, nullités des donations, nullités engendrées par l'état des mineurs et des interdits, nullités communes à tous les contrats, nullités spéciales au contrat de mariage, toutes peuvent exercer leur influence respective sur le pacte matrimonial. Nous ne disconviendrons pas qu'elles n'aient entre elles un grand nombre de points de contact. Nos réserves ne tendent qu'à écarter des règles d'une portée trop absolue, des formules qui nécessiteraient trop d'exceptions. En un mot, nous voulons éviter de fondre ce qui ne doit être que juxtaposé.

Malgré cette élimination, la part reste encore assez belle aux observations d'avant-propos. Un passage rapide à travers le moyen-âge servira, autant que faire se peut, de trait d'union entre les nullités des pactes dotaux et celles de notre contrat de mariage. Après cela, et pour établir solidement la division du sujet, une discussion est indispensable sur la question de savoir si toutes les nullités du contrat de mariage sont absolues et s'il ne faut admettre aucun cas d'annulabilité. Nous exposerons ensuite le plan de notre étude après l'avoir ainsi justifié.

§ Ier.

Des nullités du contrat de mariage avant le Code Napoléon.

Il serait superflu de ramener ici les observations déjà faites sur la nullité des pacte dotaux. Indépendamment des

vices qui s'attachaient à eux, comme à toute stipulation,
ils étaient sujets à des causes de nullité particulières, fondées sur un intérêt de morale ou de protection pour la dot.
Le résultat direct de toute nullité était l'application du droit
commun au lieu et place de la convention dérogatoire.

L'*instrumentum dotale* ne fut jamais qu'un moyen de
preuve, qui présupposait l'existence de pactes faits conformément aux lois. Il n'entraînait donc par lui-même
aucune cause de nullité (1). Son usage aurait dû se perdre
à travers les siècles d'ignorance qui suivirent la chute de
l'empire romain, si l'Eglise, qui conserva, toujours une
grande autorité sur les mariages, ne se fût chargée de la
constatation des conventions dotales. Ce qui est certain,
c'est que les tribunaux ecclésiastiques connurent longtemps
des procès relatifs aux mariages, à l'exclusion des juridic-
tions civiles ; c'est qu'en Normandie, la dot et le douaire se
constituaient *ad ostium ecclesiæ* ; c'est que surtout, dans un
temps bien antérieur à celui-là, l'Eglise exigea que tout
mariage eût une dot. Le concile d'Arles, tenu en 534, émit
cette prescription, afin que l'état de mariage pût aisément
se distinguer de celui de concubinat. Dès lors la preuve de
la dot constituée devint, jusqu'à un certain point, celle du
mariage légitime. Comme l'Eglise prescrivait l'un et l'autre,
puisque ses tribunaux étaient appelés à se prononcer sur
la nullité de l'un et de l'autre, c'est évidemment grâce à
elle que se conserva l'usage d'une rédaction écrite que
nous retrouverons plus tard.

Cette rédaction renfermait-elle aussi ce qui était relatif
aux donations *propter nuptias* ? Il est probable qu'à côté
de la dot on dût placer ce qui lui servait de compensation.

_____

(1) Voir toutefois la Const. 23, C., *De nuptiis*.

La loi avait d'ailleurs fait une nécessité de l'augment comme de la dot. Nous avons vu Justinien prendre une mesure radicale à cet égard, et égaliser les gains de survie de la femme à ceux de son mari ; de plus, le motif qui autrefois empêchait que la dot et les donations ne fussent juxtaposées dans le même acte, la première étant dispensée de l'insinuation, et les autres y étant soumises, ce motif avait nécessairement disparu avec la possibilité de recourir à l'insinuation.

Pendant ce temps, que se passait-il hors des pays de droit écrit ? Nous ne remonterons pas à l'époque de Tacite, pour retrouver dans les mœurs des Germains l'origine de la communauté. Nous nous contenterons de dire que, dans le droit germanique, comme dans celui des Francs, lorsqu'il s'agissait de donner le *pretium nuptiale*, pour acquérir le *mundium* sur une femme, c'était par une espèce de tradition, ou si l'on veut, d'après le mode national de la *festucatio* que l'on procédait. Tout le monde sait que si les Germains, mari et femme, mettaient en commun une égale quantité de biens, qui devaient rester au survivant, les Francs, au contraire, payaient leur femme, sans rien recevoir d'elle. Le mode de la mise en possession matérielle, si l'on en juge par les habitudes de ces peuples, devait donc être le plus souvent employé.

Cependant il est est fait mention, dans la loi des Francs Ripuaires (1), d'un certain *instrumentum*, à défaut duquel une somme fixe, et le tiers de toute chose acquise durant le mariage, était de par la loi dévolu à la femme survivante. On peut en conclure que les conventions matrimoniales étaient en usage dans les Gaules, en dehors des

(1) Loi des Ripuaires, chap. XXXIX.

pays de droit écrit, et que leur constatation était quelquefois faite par titres dans les pays du Nord comme dans
ceux du Midi.

Plus tard, le régime de la communauté se développe. A
l'époque des croisades, il brillait déjà comme institution
roturière, et il prit faveur parmi les nobles. C'était encore
la convention qui le réglait entre ces derniers ; mais il est
à présumer que, dans la classe des serfs, où la nécessité
l'avait fait régner, il existait à l'état de fait, plutôt que
sous l'influence d'un contrat. Quant aux modifications
qu'il subit en ce temps, au privilége de renonciation
réservé pour la femme, il est évident qu'elles s'introduisi-
rent à la faveur des conventions particulières. Déjà, d'ailleurs, et depuis longtemps, la quotité des douaires avait
fait l'objet de pactes entre époux ; la preuve en est en ce
que Philippe-Auguste transforma le douaire conventionnel en douaire légal. Mais dans ces temps d'ignorance,
« témoins passent lettres, » comme le dit Bouteiller. La
nullité des convenances était chose possible ; mais leur
constatation présentait de grandes dificultés.

Nous nous hâtons d'arriver à l'époque où la rédaction
écrite vint, dans tous les cas, se substituer au simple
pacte verbal, et où la forme authentique remplaça le plus
communément (1) la forme privée. Ce résultat fut atteint
lorsque les officialités se dessaisirent des attributions relatives à la réception des actes, et que, soit les chanceliers,
soit les notaires, furent appelés à les remplacer. Le pro-

(1) On a essayé de démontrer que, dès l'année 1695 (13 décembre), un
arrêt du Conseil avait, à peine de nullité, prescrit la forme notariée pour
le contrat de mariage. L'arrêt existe, mais il n'a jamais été enregistré au
Parlement de Paris, ni revêtu de lettres patentes. (Cass., 18 avril 1838.)

grès devait être acccompli, lorsque l'ordonnance de Moulins (art. 54) exigea la preuve, par lettres, de toute obligation au-dessus de 100 livres. Le contrat de mariage sous signature privée était d'ailleurs valable, à moins cependant que les donations qu'il renfermait ne vinssent imposer la nécessité d'une rédaction authentique (1). La question d'authenticité serait intéressante à examiner, si on l'envisageait comme un moyen d'établir la date certaine du contrat antérieure au mariage. Mais l'antériorité, prescrite par le droit commun des coutumes, n'était pas partout exigée. Dans l'Auvergne et la Touraine notamment, la maxime romaine *pacisci post nuptias* était encore admise.

Au point où nous en sommes, nous nous demanderons à quelles conditions intrinsèques était subordonnée la valadité des conventions matrimoniales? Quels étaient les moyens d'en faire prononcer la nullité?

Sur la première de ces questions, nous n'avons pas de longs détails à fournir. Dans les provinces où la loi romaine s'appliquait encore, la condition *si nuptiæ secutæ fuerint* était toujours en vigueur, « car, sans mariage, la dot ne peut estre, par ainsi lorsque mariage ne peut estre, aussi la dot n'y peut intervenir (2). »

Dans les autres pays, le même principe était adopté, non pas peut-être en vertu d'un texte positif, mais parce qu'il est inhérent à la substance du contrat de mariage. Remarquons toutefois que le douaire originairement constitué au lendemain des noces (3), ne pouvait comporter cette con-

(1) Ordonnance de 1734, art. 1er.

(2) Papon, *Secrets du 1er notaire*, p. 263.

(3) La vieille maxime disait : « Au coucher gagne la femme son douaire. » Loisel, 1, 3, 5.)

dition qu'à titre de condition résolutoire et en cas de nullité du mariage. Dans les pays où s'imposaient la communauté légale et le douaire légal, la nullité prononcée du mariage devait aussi faire tomber les avantages pécuniaires que la coutume avait attachés à sa célébration. Quant aux lois et aux bonnes mœurs surtout, la convention privée ne devait jamais y porter atteinte. La protection accordée aux mineurs en général était toute spéciale en cette hypothèse : « Femme mineure est restituable pour dot constituée à la confiance, à termes infinis. » (Papon, 1er *notaire*, p. 267.)

Arrivons au point le plus intéressant de cet aperçu plus que sommaire, et demandons-nous comment se poursuivait la nullité des pactes nuptiaux? C'était au moyen de la procédure admise pour la nullité des autres convenances; et là-dessus nous devons poser une distinction.

Si la cause de nullité était empruntée au droit coutumier, une simple action devant le juge ordinaire suffisait. Mais il n'y avait pas de différence à établir entre les nullités de plein droit et les annulabilités. « Lois de nullité n'ont point de lieu en France, » disait la vieille maxime; on statuait en fait sur chaque espèce. Si l'enquête par *tourbes* révélait l'existence d'un principe violé par la convention, elle était annulée ; mais avant tout il fallait fixer la loi pour l'appliquer, et pour la fixer on devait recourir au juge. « La déclaration de nullité, disait Papon à la fin du seizième siècle, procède de l'office du juge ; » et un peu plus haut : « En France, les nullités déclarées par la loi civile ne sont effectuelles *ipso jure*, mais faut nécessairement qu'on les fasse déclarer par lettres et jugements (1). » La confusion des nullités absolues et des

(1) *Secrets du* 3me *et dernier notaire,* p. 390.

annulabilités provenait donc de l'incertitude du droit.

Mais relativement au pacte nuptial, et surtout pour ce qui concernait la dot, l'action en rescision devait être préférée à l'action en nullité. C'est à la *rescision* que se rapporte le texte que nous venons de citer, lorsqu'il parle de nullités déclarées par lettres. Ce mode était indispensable pour faire tomber un acte dont le vice trouvait son origine dans le droit romain. L'autorité royale était la seule reconnue en France ; c'est à elle que le droit coutumier empruntait sa force ; c'est d'elle qu'il était censé émaner. Quant au droit romain, il n'avait d'autre valeur que celle qui lui venait de par le roi ; chaque fois qu'une sanction était nécessaire, c'est à lui qu'il fallait recourir. Saint Louis et Philippe le Bel en avaient ainsi disposé, pour arrêter à nos frontières la prépondérance des empereurs d'Allemagne et surtout celle de leurs lois, qui n'étaient autres que les lois romaines. Dumoulin prétendait trouver dans cette mesure un simple intérêt fiscal. Notre savant maître M. Ginoulhiac (1) est d'avis que l'intérêt national n'a pas peut-être exclu tout intérêt fiscal, et que l'opinion de Dumoulin, quoique trop absolue, repose cependant sur un certain fonds de vérité.

Pour atteindre le but qu'ils s'étaient proposé, nos rois accordaient des lettres de rescision avant tout examen de l'affaire, et la renvoyaient ainsi devant le juge qui devait en connaître. A défaut de lettres, aucune des nullités du droit romain ne pouvait être appliquée. Ce qu'il y a de singulier, c'est que l'on préférait de beaucoup, le cas échéant, la voie longue et coûteuse de la rescision à celle du droit commun. Il est bien certain qu'une loi positive et

(1) A son cours.

facilement constatée, livre moins au hasard l'issue des procès, qu'une loi incertaine qui rend l'erreur possible dans sa détermination d'abord, et en second lieu dans son application.

Eu égard à leur origine, les pactes dotaux étaient sujets à rescision plutôt qu'à nullité. Ceux au contraire qui intervenaient sur des communautés rentraient plus naturellement dans la catégorie des actes annulables. Quant aux douaires, leur ressemblance avec les donations *propter nuptias* rendait très facile l'application des lois romaines, de celles du moins qui régissaient la forme. Les incapacités étaient aussi déterminées par des dispositions communes à toutes les provinces ; nous en donnons pour preuve l'art. 134 de l'ordonnance de 1539.

En ce qui concernait la violence et le dol ou tricherie, l'autorité du droit romain était encore à peu près générale. Beaumanoir et Defontaines en parlent assez longuement dans leurs traités.

Les actions en rescision furent en usage jusqu'à l'époque de la suppression des parlements. C'est par eux que les lettres de rescision étaient délivrées au nom du roi. La formalité tomba avec les chancelleries, et le Code Napoléon confondit sous les mêmes règles les actions en nullité et les actions en rescision.

En résumé, dans beaucoup de pays, la communauté légale et le douaire légal rendaient inutiles les conventions d'avant mariage. Dans les autres, les pactes nuptiaux étaient rédigés tant sous écrit privé que par *instrument public*, mais presque toujours avant le mariage. On en provoquait la nullité par voie de *rescision* le plus souvent, quoiqu'en Normandie, par exemple, la voie de *nullité* fût la seule possible contre une convention qui, au mépris de la coutume, aurait admis la communauté des biens.

§ II

Faut-il, dans le contrat de mariage, distinguer les nullités relatives des nullités absolues ?

La jurisprudence n'a jamais manifesté de doute sur ce point. Elle a toujours séparé dans le contrat de mariage les nullités absolues des nullités relatives, les nullités de plein droit des annulabilités. Dans la doctrine même, on n'avait pas, jusqu'à ces dernières années, fait au contrat de mariage une position différente, à cet égard, de celle des autres contrats. Le premier de tous et seul jusqu'ici, M. Bertauld (1) a soutenu qu'il n'y avait pas de milieu entre la nullité radicale et la validité d'un contrat de mariage ; que le vice relatif qui, dans les conventions ordinaires, donne ouverture à une action en nullité facultative, introduisait dans le contrat de mariage un défaut capital, une cause de nullité substantielle. En d'autres termes, l'art. 1125 ne s'applique jamais dans cette hypothèse, et la nullité, quelle qu'elle soit, peut être en tout temps opposée par toute personne intéressée.

Pour en venir à cette conclusion, M. Bertauld raisonne ainsi qu'il suit : Le contrat de mariage réunit de tous points les caractères d'une loi ; il doit précéder la période de temps à laquelle il s'applique (art. 1394) ; son existence ne comporte aucune condition ; il doit être pur et simple

_____

(1) *Questions pratiques sur le Code Napoléon* : Des cas de nullité du contrat de mariage.

(art. 1395 et 1399 combinés) ; enfin, à la différence des
autres conventions privées, il s'impose aux tiers, il s'impose à tous absolument comme une loi. La publicité spéciale à laquelle il est soumis est la meilleure preuve de son
autorité.

Partant de ces principes, M. Bertauld en déduit la conséquence : De même qu'une loi perd sa force obligatoire et
n'est plus rien, s'il manque à sa confection un seul des
éléments constitutionnels, de même un vice quel qu'il soit
anéantit le contrat de mariage. Il serait absurde de reconnaître une loi susceptible de validation, une loi boiteuse
en attendant, qui rétroagirait sur un temps où elle n'existait pas ; il est aussi bien impossible d'admettre un contrat de mariage imparfait. Une loi est ou n'est pas ; un
contrat de mariage doit être parfait ou nul.

En pratique, cette théorie revêt un caractère de simplicité qui la rend séduisante. D'un seul coup, elle fixe une
multitude de situations en suspens. Que de procès elle
évitera, si l'on suppose que chacun connaît tous les contrats de mariage et leurs défauts aussi ! Nous aurions
voulu la croire vraie, car, autre avantage encore, elle sup-
primait quelques-unes des difficultés de ce travail. Mais
l'assertion sur laquelle on la fait reposer semble très
contestable.

Le contrat de mariage est une loi pour les tiers, ni plus
ni moins, qu'une convention ordinaire, accompagnée de
de transcription. Son effet est absolu, dit-on, tout comme
l'effet d'un transfert de propriété dûment opéré. Personne
ne conteste qu'on ne puisse aliéner sous condition ; qu'un
droit absolu de propriété ne puisse être *in pendenti*, ne
soit résoluble, annulable. Ce n'est donc pas parce qu'il

5

s'impose à tous que le contrat de mariage doit revêtir le caractère d'une véritable loi.

Est-ce parce qu'il ne comporte pas des conditions, parce que, dans tous les cas, il doit être pur et simple ? Quoique cette prérogative soit elle-même contestée, nous l'admettons pour le moment, et nous disons : Ainsi que le mariage, le contrat de mariage doit être pur et simple. S'ensuit-il que le mariage ne soit pas annulable ? Et cependant, il s'impose aux tiers, par les lois pénales et par les lois civiles, beaucoup mieux que le contrat de mariage ; il est immuable autant et beaucoup plus que lui. Malgré cela, il n'a jamais été élevé à la hauteur d'une loi ; il peut, dans certaines circonstances, être attaqué en nullité ou bien ratifié, suivant le caprice des ayant-droit. Pourquoi les mêmes caractères amèneraient-ils une plus haute distinction pour le contrat de mariage ? S'il n'est pas annulable, ce n'est donc pas parce qu'il réunit toutes les conditions d'une loi ; loi de la même façon, l'acte civil de mariage ne devait jamais être susceptible d'une ratification intervenue *ex post facto ;* et cependant les textes la prévoient et l'autorisent formellement.

Une théorie quelque peu parente de celle de M. Bertauld, et arrivant par une autre voie à la même conséquence, pourrait se formuler ainsi : Le contrat de mariage est soumis à la loi commune des conventions, en tant que le législateur n'a pas à son égard autrement disposé. Parmi les dérogations dont il est l'objet, une des plus importantes est celle qui fixe sa conclusion définitive à une époque antérieure au mariage : « Toutes conventions matrimoniales seront rédigées avant le mariage. » (Art. 1395.) Il fallait couper court aux manœuvres captieuses, aux entraînements peu réfléchis. La loi est venue protéger les époux contre leur

propre volonté, contre la possibilité de concessions réciproques. Avec ce principe, supposons un contrat de mariage annulable du chef de la femme ou du mari : il n'a
plus ce caractère d'immuable fixité qui s'impose au moment
de la célébration. Par suite de l'annulabilité, un changement est possible ; et ce changement est purement potes-
tatif de la part de l'un des conjoints. L'autre est même
intéressé à exercer une pression, soit pour s'opposer à
l'action en nullité, soit au contraire pour la favoriser. Cet
état d'incertitude n'est pas le moins du monde conforme
à l'esprit de la loi. Elle a voulu qu'au moment du mariage
le contrat fût arrêté ; que la volonté des conjoints ne pût
désormais rien changer à leur situation réciproque, soit
par la ratification du régime imparfait de leur choix, et
sa substitution au régime légal, soit par l'annulation tardive de ce régime imparfait et l'avènement du régime de
la communauté.

Mais, nous dira-t-on, ratifier n'est pas changer ; l'article 1395 ne souffre aucune atteinte en ce cas. — Il semble qu'au contraire l'atteinte est aussi grave que possible,
puisque l'on donne vie à un régime qui n'avait qu'une
existence précaire ; on transforme les droits de l'un des
époux sur ce régime.

L'article 1395 est formel ; il déclare toute modification
impossible *après la célébration du mariage* : termes qui s'appliquent et au temps où le mariage durera et à celui qui
suivra sa dissolution. Juridiquement, l'on ne concevrait pas
un régime mort-né, un régime qui s'ouvrirait sur un mariage éteint, dont l'influence ne serait que rétroactive. Cette
idée est si vraie qu'elle avait été accueillie par les jurisconsultes romains. Ils n'admettaient pas qu'une constitution
de dot fût reportée à l'époque où le mariage n'existerait

plus. La convention matrimoniale manque de cause dès
que le mariage est dissous. Il doit se passer alors ce qui
arrive, lorsqu'une condition se réalise après la perte de
l'objet (1).

Ainsi l'on aboutit à cette conclusion : que le contrat de
mariage annulable ne peut être ratifié ni pendant ni après
le mariage. S'il ne peut l'être directement et d'une façon
expresse, il ne peut pas davantage l'être tacitement et implicitement par voie de prescription. Il est frappé d'une nullité qui ne sera jamais couverte ; l'ordre public s'y oppose,
l'art. 1395 y met obstacle. Dès lors, l'action en nullité
est imprescriptible, d'ordre public, et partant accessible à
toute personne intéressée.

On objecte que l'immutabilité du contrat de mariage
n'est pas tellement respectée par la loi, qu'une simple séparation de biens ne puisse y faire brèche. — Il est facile de
répondre : qu'une exception bien définie par la loi, soumise à une procédure minutieuse, démontre justement
que ce n'est qu'avec peine que l'on a touché au principe.
L'art. 1395 pose la règle ; l'art. 1443 délimite le champ
de l'exception.

Il est illogique, peut-on dire encore, de faire au contrat
de mariage les honneurs d'une immunité dont ne jouit pas
le mariage lui-même. Cet acte, le plus sacré de tous, est
susceptible d'annulabilité, et le contrat de mariage ne le
serait pas ? — C'est précisément parce qu'il est sacré et respectable que l'on suppose que les époux n'y toucheront
qu'après de sérieuses réflexions et sous l'influence d'un
intérêt capital. Chacun peut apprécier sa situation morale

(1) Il est bien entendu que nous n'assimilons pas les deux hypothèses.

vis-à-vis de son conjoint ; il en est autrement de la situation pécuniaire : *Lex arctiùs prohibet quod faciliùs fieri
putat.* Une femme accueillera avec assez d'insouciance un
changement de régime dont elle ne calcule pas les conséquences ; la loi la protége contre elle-même en ce cas,
et la met dans l'impossibilité de rien changer. Au contraire, s'agit-il de rompre un mariage déjà réalisé ? Les
surprises ne sont plus à craindre ; les conséquences sont
trop graves pour que d'avance on néglige de les mesurer.
D'ailleurs une ratification est toujours plus morale, après
un état de fait tel que le mariage, que ne le serait le résultat d'une nullité absolue constatée toujours trop tard.

Ces motifs détruisent par avance les effets du parallèle
que l'on chercherait à établir entre le mariage de l'impubère, dont la nullité se couvre par une grossesse survenue dans les six mois ; et son contrat de mariage, pour
lequel, dirait-on, le même vice ne saurait entraîner *à fortiori* une conséquence plus grave. Par cette espèce, au
contraire, l'on démontre que le mariage est entouré de
moins de restrictions que le pacte nuptial. Ce dernier est
nul radicalement, d'après l'art. 1398, alors que, pour la
même cause, le mariage est seulement annulable (art. 185).
L'argument *à fortiori* n'a donc pas de portée.

Peut-être avons-nous eu tort de donner une grande
étendue à l'exposé d'un système que nous déclarons ne pas
adopter en dernière analyse. Si les objections qui précèdent ne nous ont pas paru invincibles ; s'il est avantageux
pour les tiers, et en définitive pour le crédit des époux,
de rester en présence d'une situation nette, d'une nullité
absolue, on ne doit pas oublier que l'équité prime l'utilité.
Partant de là, nous devons croire que l'art. 1395, dans le
but de protéger les conjoints, n'a pas voulu leur retirer

les bénéfices du droit commun. Les nullités relatives sont instituées au profit de personnes lésées, violentées, induites en erreur, à l'encontre de celles à qui le dol est imputable, ou qui ne pourraient bénéficier des effets de l'erreur, de la violence et de l'incapacité.

Admettre que toutes les nullités du contrat de mariage sont absolues et que la partie lésée n'a pas le droit de maintenir ce qu'elle pourrait faire rescinder, c'est la condamner fatalement et malgré sa volonté à un régime plutôt qu'à un autre. Rien n'empêchera l'un des conjoints d'insérer, dans un contrat de mariage qui ne lui est pas avantageux, une cause de nullité par dol ou autrement, et de condamner l'autre par surprise à un régime de communauté qui lui sera préjudiciable.

Il y a plus, l'art. 1395 fait pour le temps du mariage, ne peut raisonnablement s'étendre sur la période qui suit sa dissolution. Pourquoi refuser, alors que le danger des séductions et des captations a disparu, la faculté de ratifier un régime qui, en fait, a existé, et dont le vice n'est pas imputable à celui des époux qui consent à cette ratification? On conçoit que, durant le mariage, toute action, toute prescription soit suspendue entre époux; mais au moins faut-il que cette suspension réserve, pour un temps postérieur, l'exercice des droits qu'elle est censée conserver. Il est vrai que tout contrat de mariage doit précéder l'union; mais, par l'effet de la rétroactivité, les choses se passeront comme si le contrat avait été valable du premier jour, ou nul dès la même époque. Il y a bien assez de situations *in pendenti* d'après nos lois, pour que l'on n'ait pas à se préoccuper de celle-ci.

Quant à l'objection tirée de ce qu'un régime ne peut naître après la dissolution du mariage, elle était bonne en droit romain. Chez nous, il est admis qu'une femme *renonçant à la communauté est censée n'avoir jamais été commune.* Le régime déclaré nul sera réputé n'avoir jamais existé.

Puisqu'il est possible de concilier ce que les nullités relatives ont d'équitable, avec les termes de l'art. 1395 nous adopterons un système moyen, d'après lequel, tant que durera le mariage, l'action en nullité de même que la ratification seront interdites ; la prescription de l'action en nullité reprendra son cours après la dissolution du mariage. Une légère nuance sépare encore cette théorie de celle de MM. Rodière et Pont (1). Cette nuance tient à l'application générale que nous faisons de l'art. 1395, en interdisant, pendant le mariage, même l'action en nullité ; tandis que les savants auteurs se contentent de prohiber la ratification pendant cette même période.

Sous toutes réserves cependant, nous penserions que l'adoption du régime de la communauté légale, implicitement renfermée dans l'action en nullité *facultative*, aurait pour résultat de violer, aussi bien qu'une ratification, le texte des art. 1096, et 1395. Un arrêt de la cour suprême semble ne pas répugner à une pareille interprétation. Il admet « que la femme durant le mariage, qui la soumet à la puissance maritale, *n'a pas le choix d'opter entre le maintien ou l'annulation des conventions dans lesquelles son mari est partie intéressée,* et que la prescription de l'action en nullité du contrat de mariage, comme toutes les autres, ne court pas entre époux (2). »

La discussion ainsi close, nous amène à une distinction principale entre les contrats de mariage nuls de plein droit

(1) MM. Rodière et Pont, *Contrat de mariage* ; 2ᵉ édit., t. I, nº 144.
(2) Cass., ch. civ., 13 juillet 1857 ; Dalloz, 57, 1, 334.

et les contrats annulables. Nuls de plein droit, c'est-à-dire d'une nullité absolue, dont toute personne peut se prévaloir, que les parties intéressées ne sauraient couvrir par une ratification expresse ou tacite; nullité substantielle, parce qu'elle provient de l'absence d'un des éléments essentiels à la formation du contrat. Ce contrat, de la sorte, n'a jamais existé; il n'a pu se former; on ne saurait donc lui conserver une force qu'il n'a jamais eue, le valider alors qu'il est néant.

Annulables, lorsqu'au contraire ils existent, mais imparfaits et viciés; se soutenant grâce à la volonté de certaines personnes, dans les mains desquelles leur destruction est toute facultative. Elles peuvent ratifier ou attaquer en nullité. Mais comme une situation suspensive ne saurait durer indéfiniment; comme, en attendant l'action, le contrat produit tous ses effets, dès que le mariage a cessé commence une prescription de dix ans, qui aboutit à une invincible présomption de ratification.

Dans la catégorie des contrats nuls, il en existe qui, sans être infectés d'aucun vice, ne produisent jamais aucun effet. A proprement parler, ils sont caducs plutôt que nuls; et cela pour une cause externe. Nous voulons parler de ceux que la non réalisation du mariage laisse toujours sans effet; et à cette hypothèse, il faut assimiler celle, ou soit la nullité reconnue, soit l'annulabilité poursuivie du mariage, détruisent rétroactivement tous les effets déjà produits. Nous distinguerons, en conséquence, le contrat *caduc* faute de mariage de celui qu'un vice propre a empêché et empêchera toujours d'exister.

Pour ne pas multiplier les divisions, nous comprendrons, sous le chapitre des nullités absolues, les espèces où la nullité, quoique radicale, ne frappe que certaines clauses du contrat. La même cause peut engendrer un effet général ou partiel, sans pour cela changer de caractère. Au fond, ce qui constitue le contrat de mariage, c'est le choix d'un régime, c'est la clause qui règle l'administration des biens et la contribution des époux aux charges du mariage. Les autres conventions ne sont que des accessoires ; elles varient à l'infini, et nous renoncerions à mettre quelque clarté dans ce travail, si nous étions obligé de créer des catégories trop nombreuses et de ne faire rentrer sous chaque division que ce qui s'y rapporte strictement. Ainsi, nous scinderions la question de caducité ; à tout moment nous devrions interrompre la chaîne des déductions, disperser ce qui demande à être réuni. Nous l'avons déjà dit en commençant, beaucoup de questions dépendent les unes des autres ; pour éviter la confusion dans les détails, nous sacrifierons un peu l'ordre dans l'ensemble. Ainsi, chaque espèce se présentera entière dans une section, quoique certains détails revendiquent leur place dans un autre cadre.

Conformément à ces observations, et sous la rubrique générale *Nullités relatives*, nous rangerons : 1° les annulabilités qui frappent tout le contrat ; 2° celles qui n'ont d'effet que sur une partie ; 3° les nullités opposables par les tiers seulement.

Tel est notre plan :

PREMIÈRE PARTIE

Nullités absolues.

CHAPITRE Ier. — Contrat de mariage caduc.
CHAPITRE II. — Contrat de mariage radicalement nul.

SECONDE PARTIE

Nullités relatives.

PREMIÈRE PARTIE

Nullités absolues.

CHAPITRE PREMIER

DE LA CADUCITÉ DU CONTRAT DE MARIAGE.

La première condition de validité pour un contrat de mariage est dans la célébration du mariage lui-même. La société conjugale ne peut se passer d'un régime, soit légal, soit conventionnel; mais ce régime ne saurait exister qu'entre époux. Le mariage est avec le contrat dans un rapport de cause à effet; *cessante causâ cessat effectus.* L'accessoire ne peut exister en dehors du principal; si le mariage manque, le contrat est non avenu, il est caduc. Il y a là une condition implicite et nécessaire qui s'impose. Toutes les législations l'ont toujours reconnue : *Si nuptiæ secutæ fuerint,* disaient les jurisconsultes romains; sans cela, *neque dos existimatur, neque,* etc. Nous n'avons pas besoin d'insister sur cette idée, trop simple et trop juste pour comporter de longs développements.

Mais il peut arriver qu'un contrat de mariage ait précédé de si loin la célébration, que l'on se demande s'il doit s'adapter à cette union tardive, ou si, réputé fait en contemplation d'un mariage antérieur, il doit être caduc ?

Des conventions matrimoniales arrêtées devant notaire
ne peuvent être modifiées que par un acte passé dans la
même forme ; l'art. 1396 le dit expressément. Deux moyens
se présentent donc de les oblitérer : une prescription libé-
ratoire de trente ans, ou bien un contrat entre mêmes
personnes et dans la même forme pour la décharge réciproque des obligations premières. Ces deux expédients ont
le tort d'être aussi incommodes l'un que l'autre. Un moyen
de solution plus pratique, puisé d'ailleurs dans l'équité,
est signalé par M. Rodière (1). Les conventions doivent
s'exécuter d'après l'intention présumée des parties. Le
contrat de mariage n'a été fait que sur la promesse réciproque d'une célébration prochaine, et sous la condition
surtout que les parties ne renonceraient pas au mariage.
Dès que cette renonciation est certaine, évidente, chacun
reprend sa promesse ; et les tiers comme les fiancés sont
déliés les uns à l'égard des autres. Il y a là une question
de fait à résoudre, un moment précis à déterminer. Mais,
par exemple, l'engagement de l'un des futurs époux dans
les liens d'un autre mariage, ne laisserait plus aucun doute
sur la caducité du contrat. L'espoir conservé d'un second
mariage, alors que le premier subsiste encore, aurait tous
les caractères d'un élément immoral, qui, dans tous les cas,
détruirait le premier contrat (2). Aussi, nous poserons en
thèse générale que, chaque fois que le mariage est légalement impossible entre deux personnes, le contrat de
mariage l'est aussi. Ce principe rencontrera son application vis-à-vis de l'impubère.

Est-il bien vrai de dire que le mariage exerce une in-

(1) *Contrat de mariage*, t. I, n° 174.
(2) Nîmes, 15 avril 1850. — Dalloz, 52, 2, 115.

fluence telle sur le contrat, que ce dernier existe ou n'existe pas, suivant que le premier est valable ou nul? Une telle assertion serait doublement fausse. Nous avons laissé de côté, comme fort claire et indiscutable, l'hypothèse dans laquelle le mariage n'est pas célébré. En dehors de là, il serait également faux de prétendre, soit que le mariage étant nul, le contrat n'est pas valable, soit que le mariage étant valable ou validé, le contrat de mariage le doit être de la même manière et pour les mêmes motifs. La première de ces propositions nous amène à parler des effets du mariage putatif; la seconde, des effets d'un vice commun au mariage et au contrat de mariage.

SECTION PREMIÈRE

Des effets du mariage putatif relativement au contrat de mariage.

Ce serait empiéter sur les nullités du mariage que d'exposer ici les causes du mariage putatif. Il suffira de noter que les art. 201 et 202 du Code Napoléon ont une portée générale, et s'appliquent aussi bien lorsque le mariage a été déclaré nul de plein droit, que dans l'hypothèse où il a été annulé sur la réquisition des ayant-droit.

Art. 201 : « Le mariage qui a été déclaré nul produit néanmoins les effets civils tant à l'égard des époux qu'à l'égard des enfants, lorsqu'il a été contracté de bonne foi. »

Art. 202 : « Si la bonne foi n'existe que de la part de l'un des deux époux, le mariage ne produit les effets civils qu'à l'égard de cet époux et des enfants issus du mariage.

Il faut bien reconnaître, ainsi que nous le disions plus

haut, que le mariage n'est pas toujours de meilleure condition que le contrat qui le précède. On ne peut pas affirmer absolument que le mariage nul infecte de son vice le contrat de mariage. La bonne foi des conjoints ou de l'un d'eux peut s'interposer assez utilement pour conserver son efficacité dans le passé et dans l'avenir à un contrat qui n'a de cause ni dans un passé anéanti, ni dans un avenir pour lequel il n'a pas été fait.

En principe, cette bonne foi est toujours présumée, et le mariage putatif peut être invoqué sans autre preuve. Mais lorsque l'un des conjoints aurait été reconnu coupable de mauvaise foi, il ne sera pas admis à se prévaloir de sa propre turpitude pour forcer celui qu'il a trompé à accepter des conventions réputées anéanties. L'exécution du contrat de mariage est donc facultative lorsque la bonne foi est unilatérale. Que si elle existe des deux parts, un consentement mutuel pourra-t-il laisser sans effet le contrat de mariage ?

Tant que les intérêts s'agitent entre les époux et les tiers, une stricte interprétation de l'art. 201 amènerait à penser que la nullité ne perd ses effets qu'à l'égard des conjoints, toujours maîtres de repousser le privilége de la loi. La situation qu'ils se procurent doit, il est vrai, rejaillir sur des étrangers ; mais elle a été faite pour eux et exclusivement ; ils seront maîtres d'en disposer selon leur volonté. Notre réponse serait toute différente dans l'hypothèse où il resterait des enfants communs. Ils doivent eux aussi participer aux effets du mariage, et l'on ne saurait admettre qu'une volonté tierce les leur pût enlever. Ce que nous disons à cet égard de la renonciation concertée entre les deux époux, nous le pensons encore de la renonciation unilatérale de celui qui seul était de bonne foi. Il n'aurait pas le droit de priver ses enfants d'un avantage que la loi leur accorde. Tout ce qui leur est profitable dans le contrat de mariage, nous semble devoir être maintenu.

Quelle sera, d'une façon plus générale, l'étendue de l'exécution du contrat de mariage dans les hypothèses sus-visées ? Malgré la mauvaise foi respective des époux, il aura pu se produire une société de fait dont les résultats seront réglés d'après les données du titre des sociétés. Tout le monde est d'accord sur ce point. Si l'époux de bonne foi réclame l'exécution du contrat de mariage contre son conjoint coupable, il devra en accepter la teneur tout entière sans discerner ce qui lui est avantageux de ce qui lui est défavorable. En somme, et entre époux, le mariage putatif peut aboutir soit à la nullité complète du contrat, soit à son exécution intégrale. Observons cependant que le régime et ses conséquences ne sauraient se prolonger au-delà du moment où le mariage, en fait, a cessé. La com-munauté ou le régime quel qu'il soit subiront toujours des restrictions dans leur durée ; on reportera à la date du jugement la liquidation des affaires du ménage. Quant aux gains de survie et autres avantages, ils ne se réaliseront que dans les conditions déjà fixées ; les donations de biens présents seront irrévocablement exécutées, et l'on attendra l'événement conditionnel pour régler le sort des autres.

Quid des donations faites par des tiers? Nous les avons condamnés à subir le caprice des conjoints, relative-ment aux actes passés durant le mariage. Ils doivent accepter forcément la capacité rétroactive choisie par les époux (1). Mais si, pour eux, grâce au silence de l'art. 201, il n'y a pas de mariage putatif, tout au moins la nullité

(1) M. Demolombe, t. III, n° 380.

qui leur est imposée devrait-elle leur servir au besoin.
Dans l'espèce, les donations par eux faites ne devraient
produire aucun effet. Ce raisonnement tombe devant d'autres considérations. C'est, en définitive, au ménage et aux
enfants qui naîtront, que les donations s'adressent aussi
bien qu'aux époux. Si celui chez lequel la bonne foi existe
a été gratifié, le désir de faire une libéralité ayant dominé
chez le donateur ; le mariage, au surplus, étant réputé
parfait à l'égard de cet époux, la donation sera toujours
maintenue. Au contraire, le conjoint de mauvaise foi
est-il lui-même donataire, nous distinguerons : s'il a des
enfants du mariage, l'article 202 exige en leur faveur le
maintien de la donation ; s'il n'a pas d'enfants, le même
article l'empêche de profiter de sa faute, et le tiers
donateur reprendra sa libéralité (1).

SECTION II

Des effets d'un vice commun au mariage et au contrat de mariage.

Nous venons d'examiner l'hypothèse où le contrat de
mariage subsiste malgré la nullité du mariage ; nous tom-
bons dans la situation inverse, celle où le mariage est
validé, et le contrat de mariage anéanti sous l'influence
d'un vice commun. Nous avons peut-être tort d'affirmer,
dès le début, ce qui est fortement contesté par quelques
auteurs, à savoir que le mariage et le contrat de mariage
ne sont pas indivisibles. Mais pour entrer immédiatement

(1) Argument d'analogie d'un arrêt de la cour de Poitiers, 16 juillet
1846. D., 46, 2, 195.

dans la discussion, nous avons commencé par prendre parti. Fixons d'abord l'hypothèse :

Personne ne conteste que le contrat de mariage parfait à tous égards, en ce qui le concerne, n'acquière une efficacité complète par la ratification du mariage annulable (1).

D'un autre côté, l'on est d'accord sur la validité du mariage, nonobstant la nullité du contrat fondée sur un vice qui lui est propre (2). On a bien prétendu quelquefois, en manière d'objection, que les mariages se font le plus souvent en vue des gains que procure le contrat. Mais comme le mariage exclut toute condition, et encore mieux les conditions immorales, l'obstacle que l'on oppose n'est pas des plus sérieux. L'accessoire, d'ailleurs, ne saurait nuire au principal : *utile per inutile non vitiatur*. Arrivons au point précis de la controverse : lorsque la cause de nullité a le double effet de peser sur le mariage et sur le contrat de mariage individuellement considérés, la ratification du mariage entraîne-t-elle la validité du contrat infecté du même vice ? Nous n'avons pas hésité à répondre négativement.

Autres, en effet, sont les règles édictées pour le mariage, autres les règles imposées au contrat de mariage. S'il est vrai que le dernier soit subordonné aux conditions d'existence du premier, ils sont assez indépendants l'un de l'autre pour que la validité du principal n'efface pas les vices de l'accessoire. Le regrettable Troplong s'était fait l'ennemi irréconciliable de cette théorie. Il a soutenu, sans entraîner l'adhésion de la cour suprême, que le mi-

(1) Voir MM. Rodière et Pont, t. I, nº 181 et la note 2 ; Troplong, *Contrat de mariage*, t. I, nº 93.

(2) Troplong, *loco cit.*

6

neur prescrivait par le même délai l'annulabilité de son mariage et la nullité de son contrat de mariage résultant d'une cause commune. Voici l'espèce :

Un mineur contracte mariage sans le consentement des personnes dont l'autorisation est indispensable. Auparavant il a fait un contrat de mariage sans être assisté de ces mêmes personnes : l'art. 183 déclare le mariage annulable, l'art. 1398 annule le contrat de mariage (1). Le délai prescrit par l'art. 183 s'écoule sans que le mariage soit attaqué, ou bien encore, une ratification intervient de la part des ascendants ; l'union est à jamais consolidée. Troplong déclare que, par ce seul fait, le contrat de mariage devient inattaquable (2).

A l'appui de cette opinion, le bon sens fait comprendre que le contrat de mariage ne saurait être mieux traité que l'union solennelle entourée de toutes les garanties et de tous les respects de la loi. Dès lors qu'on permet aux époux de rester dans les liens du mariage, on doit leur fournir les moyens de régler leur situation réciproque ; et puisque rétroactivement le mariage a pu se faire sans l'intervention des parents, le pacte nuptial a pu intervenir sous les mêmes conditions. Qui veut la fin doit vouloir les moyens. Ce n'est pas là d'ailleurs une idée bien nouvelle. Le parlement de Paris avait admis ces considérations dans un arrêt du 17 juin 1638. Il débouta de ses prétentions un mineur qui demandait la rescision de son contrat de mariage, alors que celle du mariage lui-même n'était plus possible. « La rescision serait trop périlleuse, disait l'avo-

---

(1) Nous n'entendons rien préjuger sur le caractère de la nullité qui résulte de l'art. 1398 ; cette question viendra en son temps.

(2) *Contrat de mariage*, t. I, n° 98.

cat général Talon, surtout à l'égard des filles, lesquelles après la perte de leur virginité, n'ont plus rien à perdre. »

Habilis ad nuptias, habilis ad consequentias. La logique la plus vulgaire obligeait le législateur à ne pas retenir d'une main ce qu'une nécessité morale lui faisait abandonner de l'autre. Un fait existe. la cohabitation ; un simulacre de mariage l'a précédé : c'est presque une *justa causa* jointe à une possession, la prescription vient naturellement consolider le tout. C'est la façon la plus digne de sortir promptement d'un état qui ne demande qu'à cesser. Voudra-t-on obliger les conjoints à prendre une détermination contraire, en leur imposant un régime que leur volonté a déjà répudié ? Telle est, bien défigurée dans la forme, mais en substance à peu près, l'argumentation de Troplong.

Elle repose, on a pu le remarquer, sur des considérations générales plutôt que sur des textes, sur des convenances sociales plutôt que sur des précisions juridiques. La maxime *habilis ad nuptias* y reçoit une portée qu'elle n'a jamais eue sous le Code Napoléon. Elle doit s'entendre en ce sens que toute personne habile à contracter mariage est par là même autorisée à bénéficier des conséquences attachées au mariage par la loi (1). Du régime légal, de celui que l'on présume devoir concilier tous les intérêts, être le plus juste en lui-même, à un régime choisi par un incapable, il y a déjà bien loin.

Si quelque part l'ancienne maxime se retrouve dans nos lois, c'est dans l'art. 1398, et justement à propos du mineur. Voyons de quelle façon le législateur l'a entendue : « Le mineur habile à contracter mariage est habile à con-

(1) Agen, 24 juillet 1857 ; D. 57, 2, 168.

sentir toutes les conventions dont ce contrat est susceptible. » Voilà bien telle quelle, et avec toute la portée qu'il
lui donne, l'opinion de Troplong. Seulement l'article n'est
pas fini : « Et les conventions ou donations qu'il y a faites
sont valables, *pourvu qu'il* ait été *assisté*, dans le contrat,
des personnes dont le consentement est nécessaire pour la
validité du mariage. » Ou cet article a voulu exiger des
conditions spéciales pour la validité du contrat de mariage,
ou bien la validité du mariage couvre, dans tous les cas, la
nullité du contrat. Mais à quoi bon, si ce dernier terme
était vrai, édicter l'art. 1398? Si l'*autorisation* pour le mariage remplace l'*assistance* au contrat de mariage, tout
mineur autorisé à contracter mariage aura pu se passer
d'assistance. La ratification de l'art. 183 n'est autre chose
qu'une autorisation rétroactive ; en admettant donc que cet
art. 183 ait pour effet d'annuler l'art. 1398, il faudra reconnaître que, dans aucune hypothèse, l'art. 1398 n'aura
de sanction.

Mais avant d'en arriver à cette conséquence, n'est-il pas
plus naturel de penser que la loi s'est bien gardée de supprimer au mineur, prêt à se marier, la tutelle qu'elle lui
impose dans toute autre circonstance. Plus que jamais il est
exposé à se tromper; car il ne faut pas se dissimuler que
le contrat de mariage est un des actes les plus délicats que
l'on rencontre dans la vie. Des personnes intelligentes et
expérimentées peuvent s'y laisser prendre ; à plus forte
raison des mineurs, dont les nobles entraînements se prê-
tent à tous les sacrifices. Par un motif de convenance, on
a substitué à la tutelle ordinaire l'assistance de ceux qui
doivent autoriser le mariage. C'était pour écarter des conseils du foyer ceux dont l'action ne doit s'exercer que sur
les affaires extérieures ; mais encore fallait-il que la pré-

sence personnelle des ascendants garantit d'une façon sérieuse la liberté et le discernement qui doivent présider aux conventions matrimoniales. Aussi croyons-nous que le sort du contrat de mariage est indépendant de celui du mariage ; que ces deux actes diffèrent l'un de l'autre quant aux éléments nécessaires à leur formation, et qu'il n'y a pas entre eux d'indivisibilité.

C'est la solution adoptée par la majorité des auteurs (1). Un arrêt de la cour de cassation, que nous avons déjà mentionné (2), résume les décisions rendues dans le même sens par les cours d'appel. Il porte « que les fins de non-recevoir établies par l'art. 183, pour mettre à l'abri de toute attaque l'union conjugale, ne protègent pas le pacte relatif aux intérêts civils entre époux, contre l'action en nullité à laquelle il serait sujet de son côté, lors même que cette action procèderait d'une irrégularité commune aux deux actes, comme lorsqu'ils ont été faits sans le concours des personnes dont l'assistance était nécessaire pour habiliter l'un des conjoints, à raison de son état de minorité (3). »

Par voie de déduction, nous admettrions encore que l'action en nullité serait ouverte contre le pacte nuptial, après le délai fixé pour la prescription de la nullité du mariage ; qu'elle serait accessible, à raison de l'indépendance des deux actes, à d'autres personnes que celles dont l'art. 183 fait mention (4).

---

(1) MM. Rodière et Pont, t. I, n° 184 ; Aubry et Rau, 3ᵉ édit., p. 200, note 9.

(2) Cass., 13 juillet 1857.

(3) Junge, Bordeaux, 7 février 1855 ; D., 56, 2, 250 ; Pau, 31 juillet 1855; D., 56, 2, 249.

(4) Cass., 23 décembre 1856 ; D., 57, 1, 17.

Nous n'insistons pas davantage sur ces conflits de nullités. Désormais il ne sera question que des vices propres
au contrat de mariage. Suivant l'ordre indiqué, ceux dont
l'effet est absolu, indélébile, précèderont dans notre étude
ceux dont l'influence est relative et réparable.

CHAPITRE II

NULLITÉS ABSOLUES

Il ne s'agit plus ici d'un contrat de mariage dépourvu
de cause, d'une caducité occasionnée par un vice externe.
D'un côté, le mariage existe à l'état parfait ; de l'autre, un
contrat a été passé, mais il porte en lui-même la cause
de sa destruction. Il manque d'un des éléments essentiels
à sa propre vitalité, et le vice dont il est infecté est irré-
parable.

Dans une pareille situation, les époux se trouvent mariés sans contrat. La nullité a fait tomber le régime de
leur choix, aussi bien que les conventions accessoires.
Quelle sera désormais la loi de leurs relations ? A quel
régime doivent-ils se conformer ? Cette question trouverait
aisément une place dans toute autre partie de ce travail ;
c'est précisément pour ce motif qu'elle nous paraît devoir
être tranchée avant l'exposé des situations diverses auxquelles elle peut s'adapter.

A défaut de conventions particulières, le régime de la
communauté est celui que la loi détermine comme devant
régir l'association conjugale. Ce régime, préféré à tous les
autres, pour des motif qu'il serait trop long de développer ici, devra s'appliquer, selon le vœu du législateur,

chaque fois qu'il n'y aura pas eu de contrat de mariage, ou que les futurs conjoints l'auront expressément choisi dans leur contrat (art. 1400).

Quid, dans l'hypothèse où les parties auront désigné un tout autre régime dans leur contrat radicalement nul? Les choses devront se passer en ce cas comme s'il n'y avait jamais eu de convention; et le régime de la communauté prévaudra sur celui qu'une *désignation non avenue* n'a pu rendre exécutoire. Jusque-là, tout le monde est d'accord.

Mais les opinions se divisent sur le point de savoir quel régime l'on adoptera, lorsque les parties auront simplement déclaré qu'elles écartent le régime de la communauté. Impossible alors, disent les uns, de soumettre les époux à une loi qui ne s'impose qu'à défaut de stipulations spéciales (art. 1393) : nous avons ici des stipulations spéciales complétement dérogatoires; de plus, l'art. 1400 ne prescrit l'observation des articles qui suivent, qu'à *défaut de contrat*. Tout autre régime pourra être proposé ; mais celui de communauté, jamais.

Après s'être entendus sur ce préliminaire d'argumentation, et sur le refus de la communauté légale, les mêmes auteurs se séparent sur le choix du régime qui la doit remplacer. Chacun interprète à sa façon l'intention présumée des parties. On retourne la maxime : *Qui dicit de uno negat de altero*, et l'on propose d'abord, comme régime diamétralement contraire, le régime dotal. Mais l'art. 1392 surgit pour faire opposition : « La soumission au régime dotal ne résulte pas non plus de la simple déclaration faite par les époux qu'ils se marient *sans communauté*, ou qu'ils seront séparés de biens. »

On se rejette alors, soit sur le régime de séparation de

biens, soit sur le régime exclusif de communauté. Ou bien encore, si l'exclusion de communauté n'est pas des plus formelles et ne porte que sur le régime légal, on adopte une communauté d'acquêts combinée avec un autre régime.

La vérité est que chacune de ces solutions a également sa raison d'être par préférence aux autres, puisque toutes de concert tendent à s'éloigner de la loi. L'argument *à contrario* n'a plus de force dès qu'un choix peut s'établir entre plusieurs termes mis en présence d'un autre. Pour qu'un contrat de mariage soit efficace, il faut, avant tout, qu'il soit sérieux ; et pour qu'il paraisse sérieux, les parties ne doivent pas y poser des problèmes à plusieurs issues ; autrement, l'on arrive à donner au contrat un objet indéterminé et à le rendre nul. Ainsi, l'acte doit être examiné au fond et en fait. S'il porte soumission expresse à un autre régime que celui de la communauté légale, les époux seront régis par leur convention ; si l'on ne retrouve pas des indications suffisantes pour caractériser leur choix, ils seront traités comme s'ils n'avaient pas de régime conventionnel. Leur exclusion ne sera pas considérée comme sérieuse, tant qu'ils n'auront pas substitué une loi spéciale à la loi générale. Rien ne les empêchait de se défendre efficacement du régime de la communauté ; ils auront voulu l'accepter, puisqu'ils ne l'ont pas remplacé.

Telle est bien la pensée qui a présidé à la confection de l'art. 1400, et qui doit servir à l'interprétation de ces mots : *sans contrat*. Lorsqu'il proposait au Corps législatif le projet qui fut adopté sans contradiction, le tribun Siméon s'exprimait ainsi : « A défaut de contrat de mariage ou de *déclaration du régime sous lequel il est passé*,

les règles de la communauté détermineront les droits respectifs..... Personne ne peut s'inquiéter ou se plaindre
d'être soumis à un droit qui ne l'obligera, que parce qu'il
n'aura pas daigné déclarer qu'il veut s'en affranchir et se
marier sous d'autres règles (1). » Aussi M. Rodière n'hé-
site pas à poser ce principe général : « Que tous les régimes
autres que celui de la communauté légale, doivent être
expressément stipulés : si l'intention des parties est dou-
teuse, c'est le régime de la communauté légale qui doit
prévaloir (2). »

Que décider au cas où le vice porterait sur le régime
légal adopté par une convention tacite? Annulera-t-on un
contrat de mariage qui n'a jamais existé? Faudra-t-il soumettre les époux à un autre régime que celui de la communauté? L'hypothèse ne peut se réaliser que sous l'influence
d'une cause, telle que la violence, l'erreur ou le dol. Puisqu'il n'y a pas eu de contrat solennel, les nullités de forme
ne sauraient se produire pas plus que celles qui tiennent à
la capacité des parties.

Supposons, en premier lieu, qu'une femme, sous l'empire d'une violence matérielle ou morale, ne fait pas de
contrat de mariage. L'acceptation forcée du régime légal est
normalement rescindable. Dans cette situation, quelle sera
la loi des époux? On se trouverait fort embarrassé pour
répondre, si la question pouvait se présenter. Heureusement, ce n'est qu'au point de vue spéculatif qu'on l'ima-
gine; elle est pratiquement impossible. En effet :

Ou la violence qui s'est opposée à la confection du con-

---

(1) Discours du tribun Siméon au Corps législatif. Dalloz, t. XIII,
p. 31, n° 124 des notes.
(2) MM. Rodière et Pont, *Contr. de mar.*, t. I, n° 93.

trat s'est appesantie sur le mariage lui-même. En ce cas, la nullité prononcée du mariage aura écarté toute question de régime ; quant à la ratification, elle étend ses effets sur l'accessoire, en intervenant sur le principal : qui veut la fin veut les moyens. De plus, le consentement tardif apporté au mariage agit rétroactivement comme s'il avait toujours existé ; et nous rentrons ainsi dans le second terme de l'alternative, dans l'hypothèse où le mariage s'est réalisé sans violence.

Ou bien au contraire, le mariage s'est fait librement, et alors sa célébration volontaire de la part du conjoint précédemment violenté, présuppose une libre adhésion à des conséquences légales et nécessaires qu'il était réputé connaître. On n'aura donc pas à remplacer le régime de la communauté légale, lorsqu'une violence quelconque aura empêché la rédaction d'un contrat.

Il en sera de même pour le cas d'erreur. Distinguons encore entre l'erreur de droit et l'erreur de fait. Si, par erreur de droit, les futurs conjoints se dispensent de contracter devant notaire, ils subiront la peine d'une ignorance coupable et grossière. Jusqu'à ce point, *nemo censetur ignorare legem*, le régime de la communauté leur sera régulièrement imposé. Quant à l'erreur de fait, il est bien difficile qu'elle empêche l'un des conjoints de faire son contrat de mariage, s'il le veut bien. D'abord, il doit être présent à la rédaction, soit par lui-même, soit par un mandataire spécial. S'il est présent lui-même, il y aura eu convention devant notaire ; or nous nous occupons d'un contrat que l'erreur a empêché de se produire. La question ne se posera guère que grâce à l'infidélité du mandataire que l'on croirait avoir rempli son devoir alors qu'il s'y est soustrait. Le conjoint pourrait supposer qu'il se marie après un contrat régulièrement passé devant son procureur. Mais son erreur lui serait imputable à un double point de vue : il aurait dû tout d'abord mieux placer sa confiance, et, en second lieu, s'assurer que son mandat avait été rempli. La loi du 10 juillet 1850 lui en fournissait le moyen et lui en imposait même l'obligation. En conséquence, le contrat de mariage empêché par erreur, ne sera jamais cause d'une restitution contre le régime de la communauté légale.

La question de ce régime à remplacer s'imposera-t-elle enfin, lorsque, victime d'un dol, l'un des conjoints aura négligé de faire un contrat de mariage ? Ici nous ne pouvons plus échapper par des fins de non-recevoir à un problème qui demande une solution. S'il est vrai qu' « en mariage il trompe qui peut, » ainsi qu'on le disait jadis, et qu'on le pratique encore aujourd'hui ; si l'on doit exiger, de la part de ceux qui se disent trompés, la preuve d'une circonspection très vigilante, il n'est pas moins certain que le dol peut vicier une acceptation tacite du régime de la communauté. N'admettrait-on pas, au reste, la question ainsi présentée, elle demanderait solution sous une autre forme. Pour la faire renaître, on n'aurait qu'à supposer un contrat de mariage portant, comme régime du choix des époux, celui de la communauté légale, grâce à la fraude de l'un d'eux.

Un pareil contrat doit être annulé, puisqu'il ne renferme pas l'expression exacte de la volonté de l'un des contractants. Il ne serait pas juste de laisser à l'autre le bénéfice de son dol ; et c'est cependant ce qui aurait lieu, si le régime de la communauté légale se trouvait maintenu forcément. L'état de mariage ne peut pas néanmoins se passer de régime. Parmi tous ceux qui sont écrits dans la loi, et tous ceux encore que des conventions particulières peuvent établir, quel est celui que l'on donnera aux époux ? En choisir un par préférence aux autres, c'est évidemment contrevenir tant à l'art. 1394 qu'à l'art. 1400. Ce régime serait-il d'ailleurs celui sur lequel se serait portée l'adhésion commune des parties, les formes manqueraient toujours, l'art. 1400 serait violé de plus ; l'arbitraire n'aurait plus de limites. Mieux vaut une mesure légale rigoureuse, qu'un système équivoque susceptible de mille variations. Nous l'avons déjà dit, nul régime ne peut s'établir, sauf celui de la loi, s'il ne revêt certaines formes.

A défaut de conventions expresses, les art. 1400 et suivants doivent présider aux relations des époux, soit entre eux, soit avec les tiers. Vis-à-vis des tiers surtout, la situation ne saurait se dénouer autrement. Le mariage ne peut s'imposer à eux que par une loi formelle des parties, ou par la loi commune. Cette loi commune, le conjoint, victime du dol, ne l'acceptera pas absolument malgré lui. Il a un moyen de s'en affranchir : s'il persiste à se soustraire au régime de la communauté, s'il a été indignement trompé, qu'il agisse en séparation de corps, qu'il demande en même temps la réparation des dommages que le dol lui a causés. C'est la seule voie légale qui s'offre à lui, car il est impossible de persister dans le mariage sans vivre sous régime, et ce régime, dans l'espèce, ne peut être que celui de la communauté (1).

D'ailleurs l'on ne devra pas se plaindre, en thèse générale, d'avoir en partage ce dont la loi dispose en faveur des époux qu'elle croit servir le plus utilement.

Toute nullité portant sur le régime, quel qu'il soit,

____

(1) En ce sens : Toulouse, 11 juin 1850; D., 52, 2, 141; Cass., ch. civ., 9 janvier 1855 ; D., 55, 1, 28.

entraîne donc l'application invariable des principes de la communauté légale.

Nous avons examiné la conséquence, il est temps d'en étudier les causes.

Les nullités radicales, dont l'effet le plus ordinaire est la destruction du contrat de mariage tout entier, dérivent soit de l'absence des formes essentielles, soit d'un vice qui se rattache aux personnes, soit enfin de la présence de certains éléments illicites. Autour de ces chefs principaux, nous espérons ranger les diverses hypothèses qui se présenteront. Lorsque la nullité, tout en restant absolue, n'entraînera que des effets partiels, nous aurons soin de les préciser.

SECTION PREMIÈRE

Absence des formes essentielles.

Pour déclarer immuable le contrat de mariage, il fallait, avant tout, assurer la conservation de son texte et supprimer les doutes possibles sur sa véracité. A cette fin, l'art. 1394 édicte : « Toutes les conventions matrimoniales seront rédigées avant le mariage par acte devant notaire. »

I. La forme authentique des actes notariés est donc prescrite à peine de nullité. Elle réunit plusieurs avantages. D'abord, la destruction matérielle du contrat est rendue aussi difficile que possible. Aucune contestation ne peut s'élever quant à la teneur des clauses qu'il renferme : une preuve est à peu près impossible à l'encontre du texte exécutoire. Enfin, la mauvaise foi n'aura pas à chercher, dans une vérification de signatures privées, le moyen de faire tomber des conventions qui ne sont plus susceptibles de changement.

Le retard apporté à l'enregistrement du contrat, ne sera plus, comme sous l'ancien droit, une cause de nullité. Un des inconvénients de la forme sous seing privé, était, en effet, de rendre nécessaire l'enregistrement du contrat de mariage avant le jour de la célébration. Une date incertaine aurait permis de supposer que la rédaction du pacte nuptial était postérieure au mariage ; on l'eût considéré comme non avenu. Grâce à l'intervention du notaire, le contrat de mariage fera foi de sa date, quoique non enregistré. (Loi du 25 ventôse an XI, art. 1.) De plus, le défaut d'enregistrement dans les délais prescrits, ne lui ôtera rien de son efficacité : la loi du 5 décembre 1790, qui ordonnait (art. 9) l'enregistrement sous peine de nullité, ayant été rapportée par celle du 22 frimaire an VII (art. 33 et 73) (1). Mais si la date venait à être omise par le notaire, quoique l'enregistrement eût précédé le mariage, l'acte ne serait jamais susceptible de valoir que comme écrit sous seing privé ; il serait radicalement nul comme contrat de mariage. D'une façon plus générale l'on peut dire que, si la combinaison des art. 12 et 68 de la loi de ventôse n'empêche pas que certains actes, dépourvus d'authenticité, ne conservent une valeur de convention privée, il n'en est pas de même pour le contrat de mariage, auquel la forme publique est indispensable et dont cet art. 68 doit entraîner la nullité radicale.

Cette observation nous amène à parler du contrat de mariage sous signature privée. Il est possible, mais à

---

(1) Bastia, 26 décembre 1849 ; D., 50, 2, 72.

une condition : les parties devront avoir le soin d'effectuer chez un notaire le dépôt en bonne forme de l'acte privé qui contient leurs conventions. Pour que l'immutabilité soit parfaite, et que le dépôt puisse être considéré comme l'équivalent d'une déclaration ordinaire, l'acte revêtu de la signature des parties et certifié par elles sera annexé à la minute du procès-verbal de dépôt. Il serait même prudent, pour ne pas dire indispensable, que le notaire donnât lecture de l'acte aux intéressés présents, et recueillît leur adhésion verbale qu'il constaterait ensuite. De cette façon, aucun des signataires ne serait plus admis à contester l'identité de son écriture et à porter atteinte, de la sorte, à la fixité d'un acte que la loi veut, avant tout, rendre inaltérable. Il semble encore que, dans l'hypothèse où l'écrit, déposé chez le notaire, ne serait pas revêtu de la signature de toutes les parties, la lecture en serait indispensable à un plus haut degré. La simple déclaration faite par une personne illettrée que ses volontés sont renfermées dans un acte dont elle était incapable de prendre connaissance, n'établirait pas une libre intervention de sa part, alors surtout qu'il s'agirait pour elle de manifester l'intention de donner. En thèse générale, le notaire doit provoquer des déclarations explicites, afin de se bien assurer que l'acte qui lui est remis émane du libre consentement de ceux qui le présentent. A ces conditions, le dépôt destiné à incorporer, dans un contrat de mariage, l'expression personnelle et mot par mot retracée de la volonté des contractants, offrirait à la rigueur plus de garanties qu'une rédaction préparée le plus souvent par le notaire en l'absence des intéressés.

Troplong (1) n'admet pas qu'une donation faite par un

_____
(1) *Contr. de mar.*, I, 187.

tiers aux futurs époux puisse, avec leur contrat de mariage, revêtir cette forme d'acte sous seing privé annexé à une minute de dépôt. Quelque respectable que soit cette opinion, fondée sur le rapprochement des art. 931 et 1081 du Code Napoléon, il nous semble que les donations faites en faveur du mariage doivent être traitées avec moins de rigueur que les autres. La stricte interprétation de la loi mènerait à des conséquences que l'on a réservées pour les donations simples. La *passation* devant notaire est exigée, pour entraver, autant que possible, les dépouillements clandestins ; le dépôt d'un acte sous seing privé les favoriserait, c'est à bon droit qu'il est alors prohibé. Mais pour une donation par contrat de mariage, qui veut la fin veut les moyens, pouvons-nous dire à notre tour. Si l'acceptation formelle n'est pas nécessaire ; si l'on est dispensé de toute notification d'acceptation, les moyens extraordinaires, les écueils sont enlevés. Et pourquoi ? Parce que le législateur n'exige pas davantage pour les libéralités que pour les autres conventions matrimoniales. La même mesure d'authenticité s'impose aux unes et aux autres. Nous avons déjà dit que l'acte sous seing privé devait, *en connaissance de cause*, être certifié devant le notaire par les personnes dont il porte la signature ; la captation est ainsi paralysée, tant au profit des donations, que des autres clauses du contrat. Il est naturel que les parties d'un même tout subissent les mêmes conditions d'authenticité, et que le contrat étant valable, les donations le soient aussi. Cette manière de voir est implicitement adopté par MM. Rodière et Pont, t. I, n° 155, avant-dernier alinéa, *in fine*.

Dans la voie des immunités accordées au pacte nuptial, nous n'oserions cependant pas arriver au point où la cour de Riom est autrefois parvenue (1). Prenant au pied de la lettre l'art. 1394 et cette expression : *par acte devant* NOTAIRE, elle a jugé que l'intervention des deux témoins ou du notaire en second était inutile, et que la loi de ventôse subissait exception sur ce point. Cette jurisprudence n'a plus été renouvelée, malgré l'obstination avec laquelle le législateur de 1850 a, dans le supplément de l'art. 1394, parlé d'un unique notaire. Le contrat de mariage dépourvu de la signature de l'un des témoins, ou de celle du collègue, serait donc radicalement nul.

Nous devons même aller plus loin : le contrat non revêtu de toutes les formalités essentielles, *avant la célébration du mariage*, serait également nul. Un acte incomplet n'a pas d'existence comme acte authentique (loi de ventôse art. 68); et puisqu'au jour du mariage le contrat doit exister déjà, s'il n'a pas à cette époque toute la perfection nécessaire pour être tel quel exécutoire, s'il est possible de l'annihiler, en le privant tout simplement de ce qui lui manque encore, il n'aura jamais commencé de vivre qu'après le mariage et sera partant non avenu.

La rédaction en brevet entraînerait encore une nullité absolue. Exceptionnellement, elle est autorisée pour certains actes unilatéraux, au nombre desquels il va sans dire que le contrat de mariage n'est pas inscrit. (Loi de ventôse art. 20.) Il serait trop facile au détenteur du titre de le détruire à son gré. La règle générale qui prescrit la confection d'une minute, est d'ailleurs rappelée dans l'art. 1397, d'après lequel « les contre-lettres doivent être rédigées à la suite de la minute. » Ajoutons que l'art. 931 impose la même forme aux donations.

(1) Arrêt du 12 février 1818.

7

D'un autre côté, le contrat ne serait pas nul, parce que la minute aurait été égarée ou détruite. La preuve en serait moins aisée ; mais entre une question d'inexistence et une question de preuve, la différence est capitale (1).

Quid juris, lorsque les parties sachant signer, s'y refusent sans donner leurs motifs ? Tout porte à croire que leur volonté première s'est modifiée avant la conclusion de l'acte. La loi exige la mention du refus motivé de signature ; elle ne regarde donc pas comme définitif le consentement des personnes qui, pouvant le manifester par écrit, s'en défendent mal ou même sans raison.

Nous avons déjà dit que l'intervention des témoins était indispensable. Pour qu'elle soit efficace, ils devront réunir les conditions ordinaires des art. 1 et 10 de la loi de ventôse. Quoique l'art. 75 du Code Napoléon appelle à la célébration du mariage des témoins parents ou non parents, ce serait pousser trop loin le système des analogies que de lui faire engendrer des exceptions à des textes formels d'ailleurs. De plus, l'analogie irait à contre-sens. Jamais des héritiers plus ou moins présomptifs, n'auront intérêt à la célébration du mariage ; leur attestation aurait presque, à ce titre, une double valeur. Au contraire, suivant que le contrat de mariage renferme ou non des gains de survie pour l'un ou l'autre des conjoints, leurs parents respectifs peuvent être supposés capables de prêter la main à la fraude. Ils ne sauraient donc être comptés au nombre des témoins instrumentaires.

La jurisprudence se montre si rigoureuse sur l'omission des moindres formalités, qu'un arrêt de la cour de Greno-

---

(1) Cass., *Affaire Blasini ;* D., 53, 1, 48.

ble (1) a déclaré nulle la donation faite dans un contrat de mariage, auquel avait signé un témoin non domicilié dans l'arrondissement communal. (Loi de ventôse, art. 9.)

Une question autrement importante est celle que la loi du 21 juin 1843 est venue trancher pour le passé comme pour l'avenir. Avant la promulgation de cette loi, on se demandait si la présence des témoins instrumentaires ou du notaire en second était requise au moment de la réception de l'acte; ou bien s'il suffisait que leur signature fût apposée *ex post facto* même en l'absence des parties? En pratique, les notaires avaient toujours négligé d'appeler les témoins à la lecture des actes; ils ne les requéraient que pour la confection des testaments. S'il avait été souverainement déclaré que l'intervention des témoins était indispensable à la réception des actes, la plupart de ceux qui avaient été passés jusque-là auraient subi la nullité de l'art. 68 de la loi de ventôse. *Error communis facit jus;* on ne pouvait pas bouleverser toutes les fortunes de France, en condamnant une mesure universellement pratiquée de bonne foi. Aussi l'art. 1er de la loi du 21 juin 1843, interprétatif de l'art. 9 de la loi de ventôse, déclare suffisante la simple signature des témoins dans les actes ordinaires. L'art. 2 exige l'assistance de ces même témoins à la réception des actes portant donation entre vifs, etc.

On se demanda, lors de la discussion au Corps législatif, si cet art. 2 devait comprendre le contrat de mariage dans l'énumération qu'il renfermait. La déclaration faite à cet égard n'aurait jeté aucun trouble dans un passé complétement amnistié, mais elle était importante pour l'avenir. Des observations de MM. Hébert et Dufaure établirent pé-

(1) 21 décembre 1827.

remptoirement que, pour le contrat de mariage, on n'avait pas à redouter la clandestinité possible dans les autres actes, signalés par l'art. 2. La présence de personnes nombreuses appartenant à deux familles, l'idée dominante de l'union conjugale doivent écarter tout soupçon de surprise ou de fraude. Ce n'est même pas en considération des libéralités qu'il renferme habituellement, que le pacte nuptial devrait être soumis à la lecture publique. Ces donations revêtent en effet un caractère bilatéral; elles sont, par rapport à certaines personnes, la compensation d'autres sacrifices équivalents; et, sous cet aspect, elles méritent non-seulement le nom, mais encore les prérogatives des actes à titre onéreux. Tant pour ce motif que pour éloigner d'un débat de famille des tiers toujours trop nombreux dans ce genre d'affaires, le législateur de 1843 laissa au contrat de mariage, quelque complexe qu'il pût être, le privilége de droit commun. En conséquence, le rôle des témoins sera complétement efficace, à la seule condition que leur signature ait été apposée avant la célébration du mariage. Aucune nullité ne pourra être opposée du chef de leur absence à la réception du contrat.

II. Nous ne séparerons pas des nullités de forme, celles qui résultent de l'époque à laquelle le contrat de mariage a été passé. Fort rapprochées les unes des autres par leur nature, elles dérivent d'ailleurs du même art. 1394. La disposition qui porte : « Toutes conventions matrimoniales seront rédigées avant le mariage, » est complétée par celle de l'art. 1395, ainsi conçue : « Elles ne peuvent recevoir aucun changement après la célébration du mariage. » Nous avons déjà, à propos de la distinction des nullités absolues et des nullités relatives, indiqué les motifs d'un ordre supérieur qui avaient concentré en dehors du mariage, les conventions relatives aux droits respectifs des époux sur les biens. Nous avons encore, au sujet de la solennité de notre contrat, assigné, comme terme de rigueur pour l'accomplissement des formalités essentielles, le moment de la célébration du mariage devant l'officier de l'état civil. Quelques détails méritent encore d'être mis en lumière, pour bien établir la portée de cette règle.

Jusque-là que le contrat de mariage bien reconnu avec son caractère distinctif est nul, s'il est fait entre époux, les difficultés ne surgissent ni nombreuses, ni embarrassantes. On s'est demandé, toutefois, si l'appellation de futurs époux, mise en avant par le notaire, ne pouvait être combattue que par l'inscription de faux. M. Toullier (1) répond, très judicieusement, que le notaire n'a pas mission expresse de constater la célébration passée ou future du mariage; que ses déclarations n'ont de valeur qu'autant qu'il constate ce qui se passe devant lui. La nullité pour cause de rédaction postérieure au mariage, pourra donc être prononcée, en dépit de la déclaraion du notaire que la convention est faite entre futurs époux. Quant à la date du mariage, elle se prouve, de son côté, par l'acte de l'état civil. S'il s'agissait de celle du contrat lui-même, elle ne pourrait être contredite que par la voie de l'inscription de faux (2).

De ce que l'art. 1395 frappe de nullité tous les changements postérieurs à la célébration du mariage, s'ensuit-il que toutes les donations entre époux doivent être réputées nulles, lorsqu'elles ont pour objet des biens énoncés au

(1) Tome V, n° 150.
(2) Cass., 18 août 1840.

contrat de mariage? Faut-il penser, au contraire, que
l'art. 1096, qui autorise les donations entre époux, avec
faculté de révocation, apporte un tempérament à ce que
l'art. 1395 a d'absolu, et permet ainsi de modifier entre
conjoints le pacte nuptial?

Toullier s'est appuyé avec force sur cette dernière pro-
position et l'a maintenue malgré les objections les plus
judicieuses. Il paraît cependant impossible que l'art. 1096
soit destiné à corriger l'art. 1395. D'abord et en fait, on
ne saurait méconnaître qu'ainsi entendu, l'art. 1096 serait
d'une très grande difficulté d'application. Dans la plupart
des cas, les tiers intervenus au contrat de mariage,
devraient tout au moins être appelés et consultés au sujet
des modifications à introduire. Mais alors s'évanouiraient
les scrupules du législateur, au sujet des donations entre
époux. Cette faculté de révocation, concédée d'une façon
absolue, n'aurait pas sa raison d'être, tout au moins, dans
des circonstances où des tiers présents et consultés auraient
atténué l'ardeur des entraînements irréfléchis. Ce n'est
donc pas aux libéralités qui ont pour effet de modifier les
conventions anté-nuptiales, que l'art. 1096 se réfère. Cet
article se meut dans une sphère indépendante de celle de
l'art. 1395. Ils peuvent marcher parfaitement d'accord,
exercer chacun son influence sur des situations différentes. Quant à fixer des limites à leur empire respectif, à
déterminer jusqu'à quel point les conventions matrimoniales seront respectées, à quel moment on portera atteinte
à leur immutabilité, le fait servira de base aux apprécia-
tions juridiques. On ne saurait poser, à cet égard, des distinctions plus judicieuses que celles qu'un des jurisconsultes les plus compétents, M. Rodière, présente, dans
son traité, sous le numéro 149. Le régime, la capacité de

la femme, la prérogative de dotalité, ne pourront jamais souffrir d'atteinte. Toute convention qui aboutirait à les changer serait radicalement nulle, si elle n'était faite avant le mariage et dans les formes prescrites. Quant à l'administration plus ou moins intéressée de la fortune mobilière, aux donations entre époux, chaque espèce demande a être examinée en particulier; les solutions varient avec les circonstances (1).

III. Le défaut de solennité, comme aussi la rédaction intempestive du contrat de mariage, engendrent une nullité qui n'est susceptible d'être couverte par aucune ratification ni pendant, ni après le mariage. On ne peut ratifier ce qui n'existe pas ; or une convention ne prend le nom de contrat de mariage qu'autant qu'elle a été faite avec toutes les formes exigées par le Code et qu'elle a précédé l'union des époux. Aucune objection ne s'élève sur ce point, et la nullité absolue est admise par les auteurs et par un grand nombre de décisions judiciaires (2).

Néanmoins, on trouve dans un ancien arrêt de la Cour de cassation (3), une théorie rappelée dans une certaine mesure, par un autre arrêt de date beaucoup plus récente (4), laquelle théorie se formule à peu près comme il suit : Le contrat nul pour défaut de forme, ou parce qu'il a été passé postérieurement à la célébration du mariage, doit être réputé non avenu et non susceptible de ratification pendant le mariage. Mais après la dissolution du lien con-

(1) Odier, t. II, n° 648 ; Troplong, *Cont. de mar.*, t. I, n° 201. — Cf. Cass., 23 août 1826 ; Rennes , 1er mars 1849 ; Toulouse, 7 mai 1829.

(2) Voir, notamment, Cass., arrêt du 18 août 1840, déjà cité.

(3) Du 31 janvier 1833.

(4) Cass., 10 avril 1866 ; D., 66, 1, 350.

jugal, si le contrat avait été volontairement exécuté, la nullité ne serait plus opposable, alors surtout qu'il se serait écoulé plus de dix ans depuis cette ratification.

Cet arrêt veut-il dire que des conventions nouvelles, intervenues après la dissolution du mariage, ne sont plus soumises aux mêmes formes qu'un contrat de mariage ordinaire ; ou bien encore, que l'exécution d'une obligation nulle en elle-même, ne donne pas lieu à la répétition de l'indû, lorsque c'est volontairement et sans erreur qu'elle a été effectuée ? Tout cela est parfaitement juste et incontestable. Mais s'il tend à établir, ainsi que les apparences le feraient croire, qu'une nullité absolue, pendant la durée du mariage, devient relative après ; qu'une ratification impossible pendant un temps, parce qu'il manque la chose à ratifier, peut intervenir ensuite et de telle manière qu'un délai de dix ans suffit à la prescription de l'action en nullité ; si, en d'autres termes, un acte nul *ab initio*, comme contraire à l'ordre public, peut acquérir, à travers un certain laps de temps, une vitalité qu'il n'avait jamais eue ; si toute nullité de forme doit être régie par l'art. 1311, relatif aux mineurs, nous dirons que des doutes sérieux peuvent s'élever.

Autre chose sont les nullités absolues, autre chose les annulabilités. *Quod ab initio nullum est, nulla lapsú temporis convalescere potest.* L'art. 1311 a été fait dans l'intérêt des mineurs, mais pourquoi ? Parce que les actions en nullité qui leur compètent n'existent que devers eux ; parce que le contrat nul pour défaut de forme laisse subsister une obligation naturelle ; et que du jour où la seule personne qui le peut attaquer renonce à son action, ajoute à la convention l'élément qui lui manquait, elle devient parfaite. Cette idée que la nullité susceptible d'être

couverte par une ratification doit être unilatérale, c'est-
à-dire relative, nous la rencontrons encore dans l'art. 1338.
Comment supposer que la volonté d'une seule personne
puisse créer une obligation, si l'autre contractant n'est déjà
lié? Mais si ce lien premier n'existe pas, si l'action en nullité *est ouverte à tous*, une simple ratification n'aura jamais
aucun effet ; un nouveau concours de volontés sera indispensable ; et si ce concours vient à se produire, ce sera
par un nouveau contrat, et nullement par celui qui n'a
jamais pu exister qu'en apparence, que les parties seront
obligées. Les nullités de forme opposables par toute personne intéressée, ont en conséquence, dans le contrat de
mariage, ce caractère absolu qui les rend imprescriptibles ;
et il est impossible de les régir par l'art. 1311.

Néanmoins, la Cour de cassation, persistant dans sa
jurisprudence du 10 avril 1866, vient de décider encore :
Qu'un contrat de mariage nul en la forme, parce qu'il y
manquait la signature de l'un des témoins, ne pouvait être
validé pendant le mariage et laissait les époux mariés sous
le régime de la communauté ; mais qu'après le mariage,
la prescription décennale de l'art. 1304 courait contre
leurs héritiers (1). Nous ne pouvons tout de même nous
empêcher de penser que la prescription décennale, fondée
sur la présomption d'une ratification, ne saurait couvrir ce
qui ne peut être ratifié, ce qui est nul d'une nullité absolue, opposable par tous.

IV. Une dernière question se rapporte au temps et à la
forme du contrat de mariage : c'est celle de savoir s'il
est soumis en ces deux points au statut réel, ou bien au

(1) Cass., arrêt de rejet du 26 avril 1869, *Affaire Lebec;* Dalloz, 69,
1, 246, 5me cahier mensuel.

statut personnel des contractants. Quelle est, en d'autres termes, la portée de l'art. 1395 vis-à-vis des contrats de mariage passés en pays étranger ? Nous distinguerons entre la forme proprement dite et l'époque du contrat.

Sur le premier point, la règle de droit commun, *locus regit actum*, doit recevoir une entière application. S'il est d'usage, dans le pays où se trouvent les contractants, de rédiger les conventions matrimoniales par acte sous seing privé, cette forme sera valablement employée. Comme aussi il ne sera pas défendu aux futurs époux de se conformer à la loi française, même sur un territoire étranger. A cet égard, pas de difficulté. Il a été jugé, notamment (1), que le Français qui passe à Constantinople son contrat de mariage, peut recourir à la forme des actes sous signature privée, sans que, pour ce motif, aucune cause de nullité lui soit opposable.

Mais de ce que la loi se montre tolérante sur l'abandon, en pays étranger, des conditions extrinsèques, il ne s'ensuit pas qu'elle renonce à protéger les nationaux en ce qui concerne leur capacité. Relativement à l'époque à laquelle les conventions matrimoniales doivent être conclues, on ne peut s'empêcher d'admettre que c'est le statut personnel qui s'impose. La loi déclare nulles les modifications introduites par les conjoints à leur contrat de mariage, parce qu'elle les croit inhabiles, qu'elle les reconnaît incapables d'agir en toute liberté. Leur volonté ne serait pas indépendante, leurs conventions ne seraient pas sérieuses. Mais si l'on doit se méfier des suggestions dolosives, des insinuations frauduleuses, c'est encore mieux lorsque les époux se sont réfugiés sous un ciel étranger pour y effec-

(1) Cass., Req., 18 avril 1865 ; D., 65, 1, 342.

tuer leur union, que lorsqu'ils la contractent dans leur pays, sous la protection de leurs lois nationales, à la face de leurs parents et de leurs amis. L'opinion contraire (1) ne repose que sur les documents peu probants et se réfute d'elle-même en cherchant son appui sur des lois antérieures au Code Napoléon et dérivées du droit romain.

Outre les cas de nullité qui précèdent, il en est d'autres qui tiennent aussi à des causes étrangères au fond même du pacte nuptial, et que nons devons examiner dès à présent. La série n'en est pas longue; elle comprend l'hypothèse du faux matériel ou intellectuel, celle de la renonciation en bonne forme à un premier contrat de mariage, celle enfin que prévoit l'art. 6 du Statut du 30 mars 1806.

V. Dans l'hypothèse d'une renonciation commune au contrat de mariage précédemment arrêté, l'art. 1396 fera la loi. Il dispose que : « Les changements qui y seraient faits avant cette célébration doivent être constatés par acte passé dans la même forme que le contrat de mariage. Nul changement ou contre-lettre n'est au surplus valable, sans la présence et le consentement simultané de toutes les personnes qui ont été parties dans le contrat de mariage. »

Deux moyens se présentent pour réduire à néant des conventions matrimoniales précédemment arrêtées : renoncer au mariage, ou si l'on n'y renonce pas, faire un nouveau contrat qui annule le premier. Nous avons déjà vu ce qui concernait l'abandon du projet de mariage (2). On doit même remarquer à ce sujet que la validité du contrat est subordonnée à une condition purement potestative, au bon

---

(1) M. Rolland de Villargues, V° *Contrat de mariage* ; 2e édit., n° 55.
(2) *Suprà*, p. 76.

vouloir des futurs époux. Cette condition étant implicite,
ne vicie nullement le contrat. A l'exception de ce faux-
fuyant, il n'en existe pas d'autre en dehors du droit commun, pour détruire avant le mariage la force obligatoire
des conventions déjà faites. Le vieil adage s'applique dans
toute sa rigueur : « On lie les bœufs par les cornes et les
hommes par les convenances. » La volonté des parties
contractantes sera exécutoire tant qu'une volonté contraire
n'aura pas été concertée entre les mêmes personnes. Encore faudra-t-il, dans l'espèce, qu'elle se manifeste avec la
même solennité que la première fois. Il arriverait autrement que des modifications pourraient être introduites
sous une forme différente de la forme authentique, premier
inconvénient qui rendrait illusoire l'art. 1394. De plus, les
tiers seraient trompés par les apparences qui leur révèle-
raient le contrat inutile, en leur dissimulant le pacte véritable. Cette dernière considération motive la teneur de
l'art. 1397, dont nous aurons à parler à propos des nullités relatives aux tiers. Pour le moment, nous nous borne-
rons à constater que les modifications totales ou partielles,
stipulées dans un second contrat de mariage, annulent le
premier pour autant lorsqu'elles sont conformes aux prescriptions de l'art. 1396.

VI. Nous n'avons pas à nous arrêter longtemps sur les
nullités qui résultent d'un faux matériel ou intellectuel.

La solennité du contrat de mariage consistant dans la
rédaction faite par l'officier public, la convention n'a pas
une valeur différente de celle de l'acte notarié. Le contrat
et l'*instrumentum* qui le constate ne font qu'un ; l'existence
primordiale de ce dernier est une des conditions de la validité de l'autre. Nous parlons d'existence primordiale, afin
de ne pas confondre ce qui est nécessaire à la naissance

de l'obligation avec ce qui n'est utile qu'à la preuve. Il importerait peu que la minute, parfaite d'ailleurs, d'un contrat de mariage fût égarée, s'il était constant que sa rédaction a été exempte de tout défaut. D'autres moyens de preuve pourraient très bien suppléer ceux qui manquent. Le simple aveu de l'une des parties rétablirait, le cas échéant, la force exécutoire de la convention.

Sous le bénifice de cette précision, nous distinguerons entre le faux matériel insinué dans la rédaction même de l'acte et le faux matériel commis après coup. Ce dernier n'altérera en rien la valeur intrinsèque du contrat; il aura tout au plus pour effet de mettre obstacle à la preuve de certaines clauses. Quant au premier, à celui qui pèse sur la rédaction même de l'acte, a-t-il eu pour objet une supposition de personnes? Si c'est de la personne d'un tiers donateur qu'il s'agit, l'adoption du régime et les autres clauses de même nature, intervenues entre futurs époux, pourront n'être pas viciées par le contact du faux. Que si le falsification portait sur la signature du notaire ou des témoins, sur celle des futurs conjoints ou des personnes dont l'assistance est exigée, la nullité totale du contrat serait inévitable.

De même, au sujet du faux intellectuel, nous distinguerions entre les clauses accessoires qui ne sont pas liées si intimément à d'autres plus essentielles, que ces dernières ne puissent exister sans elles, et les conventions fondamentales qui, dans l'esprit des parties, forment la substance même du contrat. Le faux relatif à cette catégorie de clauses, dont à la rigueur on se serait passé, ne nuirait pas au principal du contrat, puisque les parties l'auraient stipulé tout de même. Au contraire, la destruction pour cause de faux de l'une des clauses capitales, entraînerait à sa suite l'entière nullité de l'acte, dont les éléments principaux doivent être réputés solidaires.

VII. Dans l'art. 6 du Statut du 30 mars 1806, se révèle un dernier cas de nullité, dont la cause ne se rapporte ni aux circonstances qui ont précédé le contrat, ni à celles qui l'ont accompagné, pas plus qu'au mariage qui l'a suivi. Cet article est ainsi conçu : « Les conventions matrimoniales des princes et princesses de la maison impériale sont nulles, si elles ne sont *approuvées* par l'empereur ; sans que, dans ce cas, les parties puissent exciper des dispositions du Code civil, lesquelles n'auront point lieu à leur égard. » Serait-il possible de rattacher cette nullité à celles qui proviennent du défaut d'assistance ou d'autorisation ? Évidemment non, puisque ces dernières laissent le contrat se former, et n'agissent contre lui que par résolution ; tandis que l'autre soumet l'existence même de ce contrat à une condition d'ordre public, laquelle n'intervenant pas, le laisse toujours dépourvu d'effet. On pourrait, de préférence, établir une analogie entre l'hypothèse que nous discutons et celle que prévoit l'art. 937 du Code Napoléon. Lorsqu'un prince de la famille impériale passe outre au mariage civil, sans avoir fait approuver ses conventions matrimoniales, il doit, ce semble, les voir tomber irrévocablement sous les coups de l'art. 1394. De même, l'acceptation d'une libéralité par les administrateurs d'un établissement public, non autorisés à cet effet, ne serait pas valable, quoique, après coup, cette autorisation leur eût été donnée. C'est dans un but restrictif que l'intervention d'une autorité supérieure se produit dans ces deux hypothèses. Au contraire, la protection seule motive la présence des ascendants ou des tuteurs au contrat de mariage des mineurs ou des interdits.

Comment un simple statut peut-il ainsi modifier le droit

civil? Pour en juger, il faut se reporter à l'époque où l'art. 14 des constitutions de l'empire (1) donnait au chef de l'Etat, entre autres pouvoirs extraordinaires, celui de régler, jusqu'à un certain point, la capacité civile des membres de sa famille.

L'art. 6 du sénatus-consulte du 7 novembre 1852 n'est que la reproduction de cet art. 14 des constitutions du premier Empire.

Nous avons épuisé ce qui regarde les nullités externes. Nous entrons dans l'examen de celles qui dérivent du fond même du contrat; elles se rapportent, soit à la personne des contractants, soit à la nature des conventions qui interviennent.

SECTION II

Des nullités absolues qui se rapportent aux personnes.

A tout contrat il faut une cause et le consentement des parties. Nous avons implicitement traité des nullités imputables à l'absence de cause, dans l'exposé des relations du mariage et du contrat de mariage. Il serait superflu d'y revenir. Quant au consentement, nous n'avons à en examiner ici que l'absence complète. Elle peut provenir soit d'une violence matérielle, soit d'une erreur substantielle qui empêche le concours des volontés, soit enfin de l'ab-

(1) Constitution du 8 floréal an XII.

sence d'une manifestation de volonté quelconque. L'ordre suivant lequel nous procédons n'est pas le plus logique ; il offre le simple avantage de placer avant tout les questions peu importantes de la violence et de l'erreur, pour laisser le champ libre à une discussion spéciale au contrat de mariage, celle de l'absence de l'un des conjoints à la passation de l'acte.

Le principe de droit qui domine toutes les situations que nous allons envisager, est un de ceux que nous avons plusieurs fois mis en jeu, à savoir : que le contrat de mariage n'est *jure perfectum* ou plutôt existant, qu'à la condition que tous les éléments essentiels seront non-seulement réunis, mais encore constatés devant notaire. S'il est passé outre à la rédaction, en l'absence de l'un de ces éléments, il manquera au contrat, puisqu'il n'est pas intervenu, tout au moins en temps utile. D'un autre côté, son existence n'est efficace qu'à charge d'être certifiée en due forme, et de concourir avec la constatation de toutes les autres conditions. Il sera donc nécessaire de réunir dans un nouvel acte des choses qui, prises isolément, n'ont aucune valeur, seraient-elles respectivement revêtues de la forme authentique avant le mariage. A l'appui de cette thèse, l'art. 1396 fournit un texte irrécusable : « Nul changement ou contre-lettre n'est au surplus valable sans la *présence* et le *consentement simultané* de toutes les personnes qui ont été parties au contrat. » Le principe de cette simultanéité dont nous parlions est mis en lumière autant qu'il puisse l'être. Le concours de la forme et du fond nécessaire dans un acte additionnel, ne saurait l'être moins dans l'acte principal, dont la contre-lettre n'est, en définitive, que l'annexe et le supplément.

I. Supposer une violence matérielle dans un contrat de

mariage, c'est créer par la pensée une situation impossible
en fait. Pour que l'hypothèse se réalise, il faudrait que la
contrainte brutale s'exerçât avec le concours de toutes les
personnes qui interviennent au contrat ; il faudrait que le
notaire, complice de cette violence, se rendît au surplus
coupable de faux, puisqu'il constaterait une volonté contraire à celle qui s'est manifestée sous ses yeux. Enfin, il
est peu probable que le conjoint, victime de ces manœuvres,
persistât dans le désir d'un mariage qui lui promettrait un
régime annoncé par de tels préliminaires. Tout au plus il
pourrait arriver qu'un ascendant, à qui l'on veut arracher
un consentement indispensable, fût matériellement conduit
à signer un acte auquel il refuse son adhésion. Mais, en ce
cas, l'absence de consentement n'engendrerait qu'un vice
relatif, une cause d'annulabilité.

II *Quid* de l'erreur ? Pour aboutir à une nullité radicale,
il est nécessaire qu'elle empêche le concours des volontés
sur un des points substantiels du contrat. On aurait de la
peine à concevoir qu'elle portât sur la nature même de la
convention. Les antécédants du pacte nuptial, l'idée du
mariage qui va suivre, la lecture faite par le notaire, ren-
dent inacceptable l'hypothèse d'une erreur sur le caractère
distinctif de l'acte que l'on rédige. Mais il y aurait nullité
radicale, si l'un des futurs époux, acceptant le régime dotal,
l'autre se prononçait pour celui de la communauté, croyant
en cela se conformer aux vues de son co-contractant.

De même, l'erreur sur l'identité de l'un des futurs conjoints empêcherait la formation du lien de droit. Si l'on
contracte avant mariage avec toute autre personne que
celle que l'on veut épouser, on n'a pas eu la volonté de
s'obliger envers elle, pas plus que de l'obliger envers soi.
Le contrat n'a donc jamais existé. Et si, par la suite, l'er-

8

reur étant découverte, on procédait à la célébration du mariage, même avec la personne par l'intervention de laquelle l'erreur avait eu lieu, il faudrait recourir à un nouveau contrat, puisque la volonté dernière n'est pas conforme à celle qui avait précédé, et que le contrat de mariage n'a pas été fait en vue du mariage qui se réalise.

III. Le consentement, qui fait défaut dans les hypothèses précédentes, aurait eu le temps et les moyens de se produire, puisque toutes les parties, nous l'avons supposé, étaient intervenues au contrat. Que penserons-nous du cas où l'absence de l'un des futurs conjoints ne permet pas de croire qu'il ait voulu accepter des conventions faites en son nom, mais sans ordre régulier, ni procuration de sa part ?

Pendant longtemps, une habitude, aussi étrange avec nos lois qu'invétérée dans la pratique, avait constamment éloigné de la solennité du contrat de mariage la future épouse dont la présence est indispensable au premier chef. Elle pouvait dire avec vérité que, n'ayant rien promis, elle n'était tenue à rien. Cet usage se concevait à la rigueur, sous l'empire de nombreuses lois coutumières, dont la diversité rendait presque inutile le choix d'un régime : si bien dans chaque pays celui de la coutume s'adaptait aux besoins et aux désirs de tous. Les gains de survie même étaient réglés par les lois ; et le contrat de mariage n'intervenait véritablement qu'entre les ascendants donateurs et le futur mari, pour la détermination de la dot. Dans ces conditions, le rôle de la femme devenait tellement uniforme, son consentement était d'avance si certain, que l'on pouvait, avec quelque raison, le dispenser de se produire.

Mais sous le Code Napoléon, tout est bien changé. Le choix du régime devient l'objet capital des conventions matrimoniales. Dans les pays où le système de la communauté répugne aux mœurs, il ne saurait être indifférent pour une femme d'assister ou non à la rédaction d'un contrat, duquel doit dépendre sa capacité future, et surtout la gestion de ses biens. Cette idée se confirme par une observation toute matérielle : Dans le nord de France, très peu de contrats de mariage ont amené devant les tribunaux la question de savoir si l'absence de la femme devait être une cause de nullité. Il est certain que tout intérêt à une action de ce genre s'efface, lorsque le régime de la communauté légale est adopté aussi bien dans la convention qu'il serait présumé l'être à son défaut. Dans notre Midi, au contraire, le régime conventionnel n'étant pas d'ordinaire celui de la loi, un changement capital résulte dans les relations des conjoints de la nullité du contrat de mariage. De telle sorte, que les décisions fournies par la jurisprudence, sur la non assistance de la femme au contrat, émanent toutes des cours de Toulouse, de Pau, de Nîmes surtout, de Montpellier et de Grenoble. En tout pays, d'ailleurs, les donations faites par contrat de mariage réclament acceptation de la part de ceux à qui elles s'adressent.

Quoi qu'il en soit, jusqu'en 1841 l'ancien usage avait prévalu ; et les notaires, confiants dans la tradition plutôt que dans la loi, avaient perpétué une pratique sur laquelle on ne les avait jamais inquiétés. Dans une telle situation, le meilleur parti à prendre n'aurait-il pas été de suivre la maxime *error communis facit jus*, et de consacrer dans le passé un état de choses universellement reçu ? C'était d'autant plus naturel que, sur un point analogue,

la loi du 21 juin 1843 se prononçait conformément à
l'usage, pour éteindre un foyer de procès. Néanmoins,
l'on ne crut pas devoir assimiler les deux hypothèses et
l'on eut raison.

Qu'entre deux interprétations possibles d'une loi, le
législateur se prononce pour celle qui doit sanctionner une
pratique universelle et constante, c'est son devoir; mais
que des textes indiscutables, ou mieux encore des principes, soient rétroactivement anéantis pour venir au secours
d'une bonne foi basée sur l'ignorance, c'est juridiquemeut
impossible. A ces conditions, les droits acquis n'auraient
plus de stabilité ; et le législateur tomberait dans une contradiction telle, que, maître pour l'avenir de modifier la loi,
il la maintiendrait; et qu'il la modifierait, au contraire,
dans un passé sur lequel son empire ne saurait s'étendre
que d'une façon interprétative , et jamais d'une façon
impérative. Un motif encore plus concluant est en ce
que le législateur subit un pouvoir supérieur au sien.
Il ne pourra jamais faire qu'une personne soit obligée en
vertu d'un contrat dans lequel elle n'est pas intervenue.
Il est impossible, en d'autres termes, qu'un seul consentement opère un concours de volontés. C'est cependant
ce qui arriverait, si une femme devait subir le contrat de
mariage auquel elle n'a pris aucune part.

La question se posait autrement devant les tribunaux,
et l'on disait : Ce qui manque au pacte matrimonial, c'est
le consentement de la femme. Dès qu'il vient s'adjoindre
aux autres conditions déjà remplies, le contrat est parfait,
sa force obligatoire s'est complétée. Mais la célébration du
mariage suppose, dans tous les cas, ce consentement postérieur. Il est impossible de dissimuler à une femme que
ses conventions matrimoniales ont été arrêtées. Si donc

elle voulait y faire opposition, elle refuserait de consentir au mariage et répondrait surtout, d'après son sentiment, à l'interpellation prescrite par la loi du 10 juillet 1850. (Art. 75 C. N.)

Cette théorie se réfute d'abord par le caractère problématique du consentement qu'elle suppose. D'ailleurs, serait-il plus exprès et ostensiblement manifesté, les formes lui manqueraient toujours, et elles sont indispensables. L'on ne doit pas perdre de vue que le contrat de mariage se forme grâce à une solennité complète, à laquelle aucun des éléments essentiels ne doit se soustraire, sous peine de nullité radicale.

Par voie de conséquence, nous reconnaîtrons que l'intervention du père qui se porte fort pour sa fille, ne saurait valablement se substituer à la volonté de cette dernière. Nul ne peut donner ce qu'il n'a pas. Se porter fort pour autrui, n'est pas engager la personne dont on promet le fait. La fille n'est donc pas obligée par la stipulation paternelle, et le contrat de mariage reste nul faute de consentement (1).

Quant au mineur, ne serait-il pas possible de suppléer sa présence par celle des personnes mentionnées sous l'art. 1398 ? Il suffit justement de lire cet article, pour se convaincre des exigences de la loi relatives à la présence des futurs conjoints. Le mineur doit être *assisté;* il ne pourrait donc être *remplacé.* C'est pour avoir sa volonté que l'on requiert sa présence ; à plus forte raison, celle du majeur dépourvu de représentant naturel

(1) M. Paul Pont, *Revue critique,* 1853, p. 7 et suiv.; Nîmes, 29 décembre 1831, 9 mars 1846, 3 mai 1847; Toulouse, 11 juin 1850, 2 juin 1857 ; etc., etc. ; Cass., 11 juillet 1853, 9 janvier 1855.

doit être déclarée indispensable (1). A cet argument vient
se joindre celui de l'art. 1396, que nous avons déjà
signalé (2). L'assistance et le consentement nécessaires
aux contre-lettres, impliquent une assistance et un consentement de même nature et valeur dans le contrat primitif.

Jusqu'à quel point l'intervention *personnelle* des futurs
conjoints sera-t-elle une condition d'existence de leur contrat de mariage? En d'autres termes : l'art. 75 du Code Napoléon exclut la représentation pour les époux, dans la
célébration du mariage; la même restriction devra-t-elle
frapper le pacte nuptial? Une raison de décider différente
doit conduire, ce semble, à un résultat différent. Les conjoints nominalement interpellés par l'officier de l'état civil,
obligés de subir la lecture du célèbre chapitre VI du
titre V, *Du Mariage*, sont tenus et pour ce seul motif d'assister *en personne*. En dehors de là, l'exception n'a plus sa
raison d'être. Les textes *Du Contrat de mariage* parlent, il
est vrai, de présence ; mais ils se réfèrent à ce qui arrive
le plus communément, plutôt qu'ils n'établissent une dérogation peu fondée en raison. Ce que la loi voulait, en exi-
geant devant notaire la comparution des parties, c'était
rendre possible l'authenticité du contrat de mariage. Comment affirmer les déclarations d'une personne absente?
Le notaire n'est habile qu'à constater ce qu'il voit ou en-
tend; il ne peut valablement instrumenter qu'en présence
des parties ou de leur procureur fondé. Tel est, ce semble,
le motif qui a dicté les termes des art. 1396 et 1398; il ne
répugne pas le moins du monde au principe de la représentation.

(1) MM. Rodière et Pont, t. 1, nᵒ 143, *in medio*.
(2) *Suprà*, p. 107.

Il nous reste à prendre parti sur un seul et dernier point : Le futur absent doit-il désigner son mandataire dans une procuration authentique? Une procuration sous signature privée serait-elle insuffisante? Puisqu'il est convenu que la volonté des parties se manifestera toujours en la forme authentique, le principe serait éludé, si on les autorisait à la manifester autrement qu'à travers une chaîne d'attestations authentiques. On ne saurait réaliser indirectement ce qui n'est pas directement licite. Il est vrai que le dépôt, chez un notaire, du pacte nuptial sous seing privé, a par nous été reconnu valable. Mais nous avons exigé, en même temps, que l'intention des parties se manifestât de nouveau assez catégoriquement, pour que le notaire pût la certifier *ex auditû*. Nous avons eu soin d'exclure l'éventualité d'une vérification d'écritures toujours périlleuse pour la vérité. Dans sa forme, le contrat de mariage doit, encore une fois, rester inattaquable ; dans ce but, l'authenticité du tout nécessitera celle de chacune des parties. Ce principe, renfermé dans le Code Napoléon, est loin d'avoir été méconnu par la législation intervenue depuis. L'art. 2 de la loi déjà citée, du 21 juin 1843, affirme que les procurations participent à la forme spéciale des actes auquels elles s'adaptent. Sans cela, en effet, les dispositions relatives à la solennité des actes, seraient violées impunément ; l'authenticité manquerait son but, puisqu'elle n'établirait pas avec certitude la volonté formelle de la personne représentée. Il demeure acquis, en conséquence, que la procuration sous seing privé entraînerait le même résultat que l'absence de consentement.

IV. L'art. 1398 renferme deux causes de nullité qui se rapportent aux personnes et spécialement à leur capacité. Nous nous hâtons de dire qu'une controverse s'élève à

propos de chacune d'elles ; mais avant d'en parler plus
explicitement, nous transcrivons le texte de l'article : « Le
mineur habile à contracter mariage, est habile à consentir
toutes les conventions dont ce contrat est susceptible, et
les conventions et donations qu'il y a faites sont valables,
pourvu qu'il ait été assisté dans le contrat des personnes
dont le consentement est nécessaire pour la validité du
mariage. » De ces expressions il résulte que l'impubère
ne peut, en aucun cas et sous aucune condition, faire des
conventions matrimoniales ; en second lieu, que le mineur
habile à contracter mariage aura ses conventions frap-
pées de nullité, s'il a manqué au contrat l'assistance des
personnes qui doivent autoriser le mariage.

A. *De l'impubère.* — Il est incontestable que ce qui se
réfère au mineur habile à contracter mariage, ne doit pas
s'entendre du mineur de quinze ou de dix-huit ans. Le
législateur a procédé par exclusion dans l'art. 1398. Mais
a-t-il voulu dire que, moins expérimenté que le simple
mineur, l'impubère pourrait valablement se passer d'assistance ? Personne n'oserait jamais le soutenir directement.
Néanmoins, par une voie détournée, certains auteurs ont
en définitive adopté une solution de ce genre, en l'ap-
puyant, il faut le dire, sur des motifs très spécieux. Ce
système n'est, au demeurant, qu'une manière d'être spéciale de celui que nous avons combattu à propos des relations du mariage et du contrat qui s'y rapporte.

On suppose qu'un mineur de quinze ou de dix-huit ans
a contracté mariage, et que moyennant une grossesse, ou
une prescription de six mois datée de l'âge compétent, le
lien conjugal est devenu indissoluble. L'aptitude rétroactivement concédée pour le mariage, entraîne, dit-on, comme
corollaire, la capacité de consentir toutes les conventions

matrimoniales. Sur cette donnée l'on adapte tous les développements que nous avons rencontrés à propos du système de Troplong.

Nous avons déjà et longuement discuté la différence à
établir entre les lois qui présidaient au mariage et celles
qui doivent en régir le contrat. Il nous suffira de rappeler
ici les observations précédemment exposées (1). Relativement à la question présente, nous ajouterons que le texte
formel de l'art. 1398 s'oppose à ce que des conventions
matrimoniales soient arrêtées avant l'époque où le mineur
est reconnu capable de contracter mariage. Il doit importer
peu que la célébration n'ait eu lieu qu'àprès l'âge compétent, puisque ce n'est qu'à cet âge que la capacité spéciale
dont nous parlons est accordée par la loi.

Nous irons même plus loin. Serait-il vrai que la maxime
habilis ad nuptias dût recevoir une interprétation absolue ;
que, du moment où l'on devient habile à contracter mariage, on l'est également pour consentir des arrangements
matrimoniaux de toute nature, l'espèce actuelle serait soustraite à l'action du principe. A quel moment remonte
la capacité rétroactive de l'art. 185 ? A l'instant même où
le lien conjugal s'est établi. Mais le contrat doit toujours
précéder ce moment ; il ne subira donc pas l'influence
d'une capacité rétroactivement reportée sur le mariage.

Quel caractère aurait d'ailleurs ce contrat engagé en
vue d'un mariage illicite ? L'art. 1172 le frapperait de
nullité, sans même que l'objection tirée de la maxime
non expressa non nocent pût avoir quelque portée. La simple
prétention de s'unir par le mariage, mise en avant par un

(1) Voir *suprà*, p. 84.

impubère, suffirait à introduire un élément illicite dans le contrat ; elle engendrerait une nullité d'ordre public.

B. *Du mineur habile à contracter mariage.* — La seconde disposition de l'art. 1398 se rapporte au mineur déjà pubère. Elle prescrit, pour la validité de son contrat de mariage, l'assistance des peronnes dont le consentement est nécessaire à son mariage. Nous ne distinguerons pas entre l'hypothèse où le consentement a fait défaut dans les deux actes, et celle où le contrat notarié en a seul été privé. Nous considérons comme un principe acquis, l'indépendance réciproque du mariage et du pacte nuptial. Le contrat de mariage sera particulièrement entaché du défaut d'assistance ou de consentement des ascendants ; mais il reste à savoir si la nullité produite est absolue ou simplement relative.

Nous avons dù hésiter longtemps entre deux opinions, l'une plus ancienne, entourée de l'adhésion de tous les auteurs et considérant le vice comme relatif, l'autre formulée dans deux arrêts de date récente qui déclarent la nullité radicale. Seulement la divergence est plutôt apparente que réelle, et nous nous réservons de démontrer comment la jurisprudence et la doctrine arrivent à s'entendre sur la possibilité d'une ratification. Ce résulat implique juridiquement l'existence d'une nullité relative ; c'est pourquoi nous en traiterons dans la deuxième partie de notre étude.

CHAPITRE III

NULLITÉS ABSOLUES QUI TIENNENT A LA NATURE MÊME DES CLAUSES DU CONTRAT

Nous n'avons à notre service ni l'expérience, ni le discernement nécessaires pour faire entrer dans ce chapitre tout ce que son intitulé pourrait promettre. Il faudrait, d'ailleurs, toute l'étendue d'une monographie, pour discuter à fond les nombreuses clauses susceptibles de vicier un contrat de mariage. Nous nous contenterons d'un aperçu sommaire, en rapport avec l'ensemble de notre sujet.

La liberté des conventions matrimoniales existe à un plus haut degré peut-être que celle des autres conventions ; mais elle doit s'arrêter devant les limites tracées par la loi, soit dans l'intérêt des parties, soit en vue des convenances sociales. Les principes édictés à propos des obligations immorales ou illicites, sont ramenés par l'art. 1387 et les trois qui le suivent au titre du contrat de mariage. Leur place sous le chapitre des dispositions générales, provoque la question de savoir, si l'élément prohibé doit entraîner la nullité totale du contrat, ou si la nullité déterminera plus spécialement la suppression de certaines clauses, les autres demeurant intactes ? Une réponse à cet égard doit être inspirée par l'examen de chaque espèce. On peut remarquer, toutefois, que les diverses clauses d'un contrat de mariage forment habituellement un tout indivisible dont les parties servent de cause l'une l'autre ; de telle sorte que l'intention des contractants risquerait d'être méconnue, si l'on attribuait à chaque clause une existence indépendante.

Seules, les donations faites par des tiers ou par les ascendants, ont pour principal motif l'entretien de la famille sous n'importe quel régime. Quant aux gains de survie, ils sont quelquefois stipulés grâce au régime dotal, alors que sous un régime de communauté on les eût autrement compensés. On devra soigneusement distinguer la pure libéralité, qui se soutient par elle-même, sans dépendre d'aucune cause intéressée, de ce que l'on pourrait appeler la donation commutative, sans condition de réciprocité ou de compensation, laquelle manquera de cause si le contrat de mariage tout entier ne vient pas à exécution. — Est-il besoin de constater par contre, que les vices qui s'attachent aux libéralités, au moyen des conditions ou des charges, n'altèrent en rien ni ces libéralités, ni par conséquent le reste du contrat? L'art. 900 les déclare simplement non écrites.

Recherchons maintenant les conventions prohibées les plus usuelles, celles du moins dont l'appréciation peut soulever des doutes.

I. L'article 1387 dispose : « La loi ne régit l'association conjugale quant aux biens, qu'à défaut de conventions spéciales que les époux peuvent faire comme ils le jugent à propos, pourvu qu'elles ne soient pas contraires aux bonnes mœurs, et en outre sous les modifications qui suivent. »

On croirait d'abord que les prohibitions formulées dans les premiers articles du contrat de mariage, ne sont relatives qu'au règlement de l'association conjugale quant aux biens. Mais il ne faut pas perdre de vue que les conventions matrimoniales sont presque toujours des lois de capacité pour les conjoints, vis-à-vis de leurs propres biens. Les questions d'état se trouvent ainsi mêlées aux questions de propriété et de jouissance, de telle sorte que, confondant les unes avec les autres, les futurs époux pourraient se croire autorisés à modifier le statut personnel dont la loi s'est réservée la détermination. C'est pourquoi l'on ne doit pas être étonné de voir rappelées sous notre titre des dispositions naturellement édictées au chapitre VI, *Du Mariage*. Un seul inconvénient résulte de ce mélanges de personnes et de biens. On est à se demander encore, malgré les explications fournies lors de la confection du Code civil, si certaines expressions, celles de l'art. 1388 par exemple, se rapportent à la capacité du mari quant aux biens, ou à celle qui lui est attribuée en sa qualité de chef de la famille ? Quoi qu'il en soit, nous prendrons les textes tels qu'ils sont, et, pour en revenir à celui que nous avons déjà cité, nous examinerons d'abord les conventions contraires aux bonnes mœurs.

Il en est que les parties n'oseraient jamais stipuler publiquement, que d'ailleurs le notaire se refuserait à formuler. De ce nombre serait la renonciation à toute poursuite pour cause d'adultère. De tels projets, au reste, ne peuvent entrer dans l'esprit des futurs conjoints ; si l'on en parle, c'est surtout parce que le droit romain nous en a légué les exemples.

Un accord moins scandaleux, mais immoral tout de même, serait celui par lequel les époux se réserveraient d'habiter séparément, adoptant dans ce but un régime complet de séparation de biens. Il leur serait également défendu, et pour seule cause d'immoralité, de faire de la survenance ou du nombre des enfants, la condition de tel ou tel autre régime. Ici, d'ailleurs, l'élément conditionnel introduirait une cause spéciale de nullité. Enfin, l'affectation à l'entretien du ménage de gains espérés mais peu avouables, ne saurait qu'entacher le contrat dans lequel elle serait stipulée.

II. Les conventions illicites se rencontreront plus souvent que celles qui peuvent blesser les mœurs. Aux termes de l'art. 1388 : « Les époux ne peuvent déroger, ni aux droits résultant de la puissance maritale sur la personne de la femme et des enfants, ou qui appartiennent au mari comme chef, ni aux droits conférés au survivant des époux par le titre *De la Puissance paternelle* et par le titre *De la Minorité, de la Tutelle et de l'Emancipation*, ni aux dispositions prohibitives du présent Code. »

Une double protection est organisée par ce texte : protection des droits du mari tant que dure le mariage, protection des droits de l'époux survivant après sa dissolution. De plus, les prohibitions diverses disséminées dans le Code doivent être respectées ici comme ailleurs.

La puissance maritale a été organisée en vue d'un intérêt social ; chacun n'est donc pas libre de la modifier à son gré, et de détruire l'harmonie que le législateur a voulu faire régner. La famille est une association ; il lui faut un chef et un seul. S'il y en avait deux, les conflits deviendraient possibles, et les procès trop fréquents. Il est d'ailleurs des règles que la loi naturelle impose, et qui ne sauraient être remplacées d'une façon durable par une volonté contraire. Il est juste au point de vue du gouvernement domestique, et encore plus peut-être au point de vne des convenances, qu'une femme ne puisse s'affranchir de l'autorisation maritale pour contracter. Si elle est commerçante, une autorisation générale suffira ; mais c'est un cas exceptionnel, dont l'application ne saurait être étendue. L'affranchissement des devoirs d'obéissance de la femme vis-à-vis de son mari serait, donc frappé d'une nullité d'ordre public. Il faut même aller plus loin et dire que, tout en se réservant la jouissance et l'administration

de certains biens, la femme ne pourrait stipuler que dans
un avenir indéterminé, elle les aliénerait à son gré, sans
le consentement de son mari. Une affaire spéciale ou prochaine doit toujours être suffisamment indiquée, pour que.
le mari ne soit point réputé s'être illégalement dépouillé
de ses droits.

S'il ne peut abdiquer son pouvoir sur la femme, à plus
forte raison lui est-il défendu d'intervertir les rôles, et,
comme le dit très heureusement M. Rodière, « de prince
devenir sujet (1). » On aurait tort de croire que les prévi-
sions de l'art. 1388 sont irréalisables sur ce point, et que
les maris n'eurent jamais besoin d'une loi qui les rendît
forts malgré eux. Un arrêt de la Cour de cassation, du
7 septembre 1808, offre l'exemple d'un homme qui, par
acte authentique, s'était déclaré incapable et inepte à ce
point, qu'il reconnaissait *la nécessité de confier d'urgence
à son épouse l'entière administration de sa fortune*, de manière que la cession qu'il lui faisait eût pour lui-même toutes les conséquences « d'une vraie et formelle interdiction (2). »

Ainsi donc, le mari ne peut se dessaisir des droits que
sa qualité de chef lui confère sur les personnes. Nous
avons parlé de ses droits sur la femme ; il faut étendre
aux enfants les règles que nous avons posées. La mère
de famille n'aura pu se réserver utilement le droit d'éducation dans le contrat de mariage. Si, en vue d'une charge
de cette nature, on lui avait accordé la jouissance de
certains biens, une partie du régime adopté resterait sans
cause ; mais une suppression même de cette importance,

(1) *Contr. de mar.*, t. I, n° 65.
(1) Dalloz, t. XIII ; V° *Contrat de mariage*, n° 98.

ne semblerait pas devoir entraîner la nullité totale du contrat. Quant à la nullité de la convention par laquelle le mari
aurait abandonné à sa future épouse ses droits sur l'éducation religieuse des enfants, elle ne serait aucunement de
nature à modifier le règlement des intérêts pécuniaires des
conjoints. Ce motif nous dispense d'en parler plus longuement.

Nous avons jusqu'ici fait allusion aux droits du mari
sur les personnes plutôt qu'à son titre d'administrateur
en chef des biens. Cette prérogative est inaliénable au
même degré que celles que nous avons considérées jusqu'à présent. Il s'agit exclusivement des biens du ménage
et de leur administration. L'association conjugale a été
reconnue par la loi avec des priviléges spéciaux, à la
condition que le mari en demeurerait gérant. En cela,
ce qui est convenable au point de vue du droit naturel,
devient nécessaire au point de vue du droit civil. Etant
donné que l'action sur les personnes doit rester au mari,
l'action sur les biens concédée à la femme serait à tout
moment atténuée par l'intervention soit raisonnable, soit
capricieuse de son chef. Un partage d'attributions amènerait des conflits inextricables entre époux. Que serait-ce
pour les tiers, obligés de consulter à chaque instant la
convention régulatrice des pouvoirs des conjoints, et
exposés encore à traiter avec celui qui n'a pas qualité?

Sous le régime de la communauté surtout, l'immixtion
de la femme dans la gestion des biens doit être sévère-
ment interdite. Affranchie de toute responsabilité, elle
ne saurait se réserver le droit de commettre des fautes
dont le dommage serait supporté par d'autres. L'article 1421 dispose que le mari seul administre la communauté. D'autre part, l'art. 1453 réprouve toute con-

vention qui aurait pour effet de gêner la renonciation de la femme.

En résumé, la dot, sous tous les régimes, appartient à la famille ; c'est donc le chef et lui seul qui l'adminis-trera. Sur les autres biens, chacun pourra disposer de ses droits en faveur de son conjoint, en tant que cette ré-glementation privée sera compatible avec les grands principes du chapitre VI, *Du Mariage*. Toutes les conven-tions autrement faites seront nulles.

Les observations qui précèdent ne portent que sur des clauses consenties pour la durée du mariage. *Quid,* si des époux peu confiants l'un dans l'autre se réservent, pour le temps où ils ne seront plus, une tutelle posthume à l'égard du survivant et des enfants ? C'est un abus de ce genre que la seconde disposition de l'art. 1388 a pour effet de prévenir. On conçoit que le législateur ne tolère pas des lois supplétives de celles qu'il a faites dans l'intérêt des mineurs. C'est pour eux que sa prudence a formé les combinaisons les plus avantageuses ; il serait absurde de permettre au caprice ou à la jalousie de brouiller, par avance, des tutelles et des gestions dont les divers actes doivent être inspirés par le sentiment de l'opportunité. Tout ce qui se réfère aux mineurs est d'ordre public ; la convention privée sera impuissante à y porter atteinte.

Ainsi, les futurs conjoints s'interdiraient en vain la jouissance accordée par la loi sur les biens de leurs enfants mineurs. Cet avantage compensera, quoi qu'ils fassent, les frais d'éducation qu'ils auront avancés : il sera un encou-ragement dans le devoir et un motif de le mieux remplir encore. Quant aux droits sur la personne des enfants mineurs, ils resteront aussi immuables dans les mains de

celui à qui ils sont dévolus par la loi que l'autorité maritale l'est entre les mains de l'homme.

III. Les derniers termes de l'art. 1388 sont, grâce à leur
généralité, susceptibles d'un très long commentaire. Ils
embrassent toutes les dispositions prohibitives du Code.
Nous n'essaierons pas de les énumérer ; il nous est tout au
plus permis de rappeler celles qui ont sur le contrat de
mariage leur portée la plus immédiate.

Par exemple, la femme renoncerait vainement à son hypothèque légale tout entière. — Elle ne pourrait autoriser son
futur mari à disposer à titre gratuit des biens de la communauté, autrement que ne le permet l'art. 1422. — La
convention en vertu de laquelle les peines pécuniaires
individuellement encourues seraient prélevées sur la
communauté, devrait être de même déclarée nulle. Les
futurs conjoints ne pourraient s'interdire encore la révocation des libéralités faites entre époux.

Mais parmi les conventions illicites, il en est deux qui
doivent fixer plus particulièrement notre attention ; nous
allons les examiner sans plus de retard. La première a son
effet sur le contrat tout entier ; l'autre ne porte d'ordinaire
que sur les libéralités, sans en révoquer l'émolument. Nous
voulons parler d'abord de la stipulation d'un régime à
terme ou conditionnel ; en second lieu, de la condition de
ne pas se remarier, à laquelle les gains de survie sont quelquefois subordonnés.

A. — Nous ne séparerons pas le terme de la condition :
la raison de décider pour l'un, entraîne à *fortiori* la solution
pour l'autre. Le terme incertain peut équivaloir à une condition ; quant au terme préfixe, les motifs qui le font
prohiber s'appliquent aussi bien à la condition, puisque

l'unité de régime est en réalité compromise dans les deux cas. .

Peut-on stipuler un régime à terme ou conditionnel ?

Notre réponse sera absolument négative. Comme, néanmoins, la plupart des auteurs séparent, dans leur appréciation, la communauté légale des autres régimes, nous suivrons l'ordre qu'ils adoptent, et nous poserons successivement la question à l'égard de la communauté et à l'égard des autres régimes. Regarder comme possible une communauté à terme, c'est fermer les yeux sur l'art. 1399 : « La communauté, soit légale, soit conventionnelle, commence du jour du mariage contracté devant l'officier de l'état civil : on ne peut stipuler qu'elle commencera à une autre époque. » D'autre part, l'art. 1441, dans l'énumération restrictive et complète des causes de dissolution de la communauté, ne fait entrer pour rien les conventions anténuptiales. Le régime de la communauté doit donc exister seul, et avoir toute la durée du mariage. Sur ce point, il serait difficile de se soustraire à l'évidence.

Mais ce que l'art. 1399 dit explicitement du terme, certains auteurs ne l'acceptent pas pour la condition. Ils argumentent de la rétroactivité qui fait remonter au jour du mariage l'effet de l'événement accompli. Sous l'ancien droit, disent-ils, on admettait les conditions avec un effet identique ; et il est certain que l'unité de régime est de la sorte respectée, et que l'art. 1399 ne peut servir d'obstacle.

Ce système serait non-seulement le plus logique, mais encore le seul compatible avec la liberté des conventions, si les travaux préparatoires du Code ne nous révélaient la véritable portée de l'art. 1399. Les dispositions qu'il renferme ont été édictées beaucoup plus à l'encontre du régime conditionnel que du régime à terme. C'est à tort que l'on a prétendu que la dualité des régimes était autrefois consacrée par certaines coutumes. Il est vrai qu'en Bretagne, la communauté ne commençait qu'un an et un jour après la célébration du mariage ; mais, ainsi que nous l'apprend Dumoulin, l'expiration de ce délai en reportait l'origine au jour même des noces : *Trahitur retrò ad diem nuptiarum.* Pendant cette période d'incertitude, plus ou moins bien délimitée, surtout lorsque les conventions matrimoniales en réglaient le cours, les actes passés par les époux donnaient lieu à une multitude de procès.

Les rédacteurs du Code Napoléon voulurent supprimer pour l'avenir une cause de discussions fort regrettables dans le passé ; et ils défendirent (art. 1399) de renouveler, par des conventions privées, un état de choses sur la stabilité duquel les tiers pourraient aisément se tromper. En un mot, la communauté de fait, susceptible d'un changement rétroactif, de même que la communauté temporaire, furent strictement et absolument prohibées. Le motif de cette innovation était proclamé en termes non équivoques par le tribun Duveyrier : « Quelques stipulations contractuelles obscures et mal rédigées ont souvent élevé des doutes et enfanté des procès, surtout lorsqu'il s'agissait d'une communauté conventionnelle. Il était bien de les rendre désormais impossibles, en ajoutant même que cette règle serait observée nonobstant toute stipulation contraire (1). »

Il n'est donc plus permis aux futurs conjoints de créer dans leur contrat de mariage une communauté *in pendenti,* pas plus qu'une communauté à terme. La prohibi-

(1) Dalloz, t. XIII ; Vᵒ *Contrat de mariage,* p. 22, note 49.

tion tient aux difficultés que pourrait engendrer la mise en pratique d'une pareille convention.

Le même motif doit-il, pour les autres régimes, conduire à la même conséquence? Cela nous semblerait naturel, quoique des auteurs très recommandables aient pensé que l'art. 1399 n'est applicable qu'à la communauté légale ou conventionnelle (1).

Il est vrai que les exceptions, surtout celles qui sont restrictives de la liberté individuelle, doivent être renfermées dans les justes limites que le légistateur leur a assignées. Mais on ne devrait pas pour cela méconnaître l'intention véritable de ceux qui ont édicté la loi. Ils ont, ce semble, redouté que le terme ou la condition ne devinssent, dans les contrats de mariage, des causes d'embarras et de litiges, soit entre les époux, soit surtout pour les tiers. Le plus souvent, disaient-ils, c'est à l'égard de la communauté conventionnelle que ces inconvénients se présentent; ils laissaient donc entendre que, sous les autres régimes, des difficultés pouvaient surgir de même, quoique plus rarement. Ont-ils voulu les supprimer? Il faut le croire, en s'attachant à l'esprit officiel plutôt qu'à la lettre de l'article.

Le tribun Duveyrier aurait-il été moins explicite dans ses déclarations, nous reconnaîtrions tout de même une portée générale à la règle formulée pour la communauté. Personne ne conteste que les art. 1399 et suivants, ne renferment un grand nombre de principes généralement formulés pour n'importe quel régime. Les causes de dissolution, notamment, retracées par l'art. 1441, sont communes à toutes les formes d'association conju-

(1) MM. Rodière et Pont, t. I, n° 92.

gale. Pour éviter un double emploi, le législateur n'a mentionné, sous la rubrique du régime dotal et sous celles
des régimes exclusifs de communauté, que des formules
dérogatoires ou modificatives de celles qu'il avait précédemment développées. Sur tous les points non prévus une
seconde fois, il se réfère donc à la loi générale. En d'autres termes, il n'a entendu présenter un ensemble complet
de règles et de prohibitions, que sous la première partie
du chapitre premier de notre titre. Tout ce qui suit est
l'exception ; et c'est elle, dirons-nous, qui ne doit pas être
étendue. Nulle part, et sous aucun régime, le terme ou la
condition ne sont autorisés. Si, par une faveur exception-
nelle, on les avait reconnus possibles en dehors de la
communauté, la défense posée en thèse générale aurait
été spécialement écartée. Mais des changements rétroac-
tifs, ou tout au moins occultes, auraient été trop funestes
soit aux époux, soit aux tiers, pour que l'on eût consenti à
les jamais permettre. On n'avait que trop, jusqu'à cette
époque, expérimenté les inconvénients du système, pour
vouloir le remettre en vigueur.

Que deviendrait la publicité du contrat de mariage, si
chacun était tenu de la compléter par la vérification de
faits très difficiles à constater parfois ? Un changement
survenu dans le régime des époux devrait être aussi
public que l'établissement même de ce régime par la
célébration du mariage. Si la loi avait autorisé le terme
ou la condition, elle aurait indiqué les moyens de faire
connaître aux tiers la survenance de l'un ou de l'autre.
Elle n'a pas négligé de rendre aussi notoires que possible
les révolutions de famille occasionnées par la séparation
de corps ou la séparation de biens. Les art. 880 du Code
de procédure civile et 1445 du Code Napoléon, témoignent

de ses préoccupations à cet égard. Si l'avènement du terme ou de la condition ne donne lieu à aucune formalité, c'est que leur existence est juridiquement impossible, et qu'il faudrait déclarer nul le régime qui en serait affecté.

La jurisprudence repousse cette théorie (1). Elle reconnaît, notamment, la validité de la clause par laquelle les futurs époux déclarent se soumettre à un régime jusqu'au décès de leurs père et mère, et adopter un autre régime à partir de cette époque.

B. — Les conditions exclues de la convention principale qui renferme le choix d'un régime peuvent s'attacher incontestablement à des clauses accessoires, telles que donations d'ascendants, stipulations de gains de survie. Jointes ainsi à des libéralités, elles ne sont exécutoires que tout autant que l'art. 900 ne les fait pas réputer non écrites. A ce propos, nous avons à nous demander si le bénéficiaire d'un gain de survie doit se soumettre à la condition de ne pas se remarier, imposée par le prémourant?

En fait, une pareille condition aura un caractère de moralité ou d'immoralité, suivant qu'elle aura été inspirée par l'intérêt des enfants d'un premier lit, ou, au contraire, par le sentiment peu louable d'une jalousie d'outre-tombe. Mais il s'agit de savoir si, pour cause de présomption légale, elle ne doit pas en toute hypothèse être écartée comme illicite? Le doute naît à l'occasion d'un texte de loi appartenant au droit intermédiaire. C'est l'art. 12 du décret du 17 nivôse an II, dont les dispositions ont été reproduites dans leur généralité par l'art. 900 du Code Napoléon. L'énumération de certaines clauses présumées illicites par cet art. 12 comprenait, notamment, celles qui

(1) Colmar, 8 mars 1864 ; D., 64, 2, 85.

portent atteinte « à la liberté de se marier ou de se remarier, même avec des personnes désignées. » De ce que le
texte de l'art. 900 a été diminué de toute la partie de détail
de l'article précédemment en vigueur, faut-il conclure que
toutes les dispositions supprimées ont été par ce seul fait
abrogées?

Nous le croirions d'autant plus aisément, que, dans le
nouvel article, le législateur a compris son rôle, et semble
s'être intentionnellement abstenu de fournir un commentaire là où il lui suffisait de poser une règle. Quoique
l'art. 7 de la loi du 31 ventôse an XII respecte le droit
intermédiaire, il n'en reconnaît la force que sur les points
que le Code Napoléon n'a pas traités d'une manière spéciale. En ce qui touche l'art. 900, il est indubitable qu'il
ait été fait d'après un nouvel ordre d'idées ; et que son
silence avait pour but de laisser aux tribunaux le devoir
d'apprécier la valeur morale ou licite des clauses insérées
dans les donations.

Par conséquent, il ne serait pas juste de prétendre que
la condition de ne pas se remarier est *en principe* réputée
immorale. On devra l'examiner en fait, et la maintenir chaque fois qu'elle aura été inspirée par un sentiment honnête
et respectable (1). La nullité devrait, au contraire, en être
prononcée, s'il paraissait au tribunal que le résultat poursuivi est blâmable. En cette matière, la décision souverainement intervenue sur le fait, ne tomberait point sous le
contrôle de la Cour de cassation (2).

Le contrat de mariage serait encore nul, mais pour par-

(1) Paris, 1er avril 1862 (Jeanne Hervé) ; D., 62, 2, 77.
(2) Cf. Angers, 18 février 1847 ; D., 47, 2, 107. — Et sur le même
arrêt : Cass., Req., 8 janvier 1849 ; D., 49, 1, 116.

tie, si la femme mineure y consentait la réduction de son hypothèque légale (art. 2140).

IV. L'art. 1389 dispose que les futurs conjoints « ne peuvent faire aucune convention ou renonciation dont l'objet serait de changer l'ordre légal des successions, soit par rapport à eux-mêmes dans la succession de leurs enfants ou descendants, soit par rapport à leurs enfants entre eux, sans préjudice des donations entre vifs ou testamentaires qui pourraient avoir lieu, selon les formes et dans les cas déterminés par le présent Code. »

A vrai dire, cet article ne renferme aucune règle nouvelle. Il n'a d'autre portée que celle qui s'attache à une disposition générale, commémorative d'un grand nombre d'autres et leur servant en quelque sorte de centre de raccordement. La prohibition qu'il mentionne se retrouve à l'état de principe absolu dans l'art. 1130, lequel défend d'engager aucune stipulation sur une succession non ouverte, « même avec le consentement de celui de la succession duquel il s'agit. » L'illégalité serait encore plus criante, si l'on disposait entre tiers de la succession d'une personne à son insu, ou en son absence. Or, qu'est-ce autre chose, de la part des futurs conjoints, que de régler par avance la succession de leurs enfants ou descendants ? Ils contracteraient, non-seulement au nom d'un tiers (art. 1119), mais encore au nom d'un tiers qui n'existe pas, au nom d'une personne à naître. En droit romain, la substitution pupillaire était autorisée ; mais encore fallait-il que celui dont on remplaçait le testament fût tout au moins conçu. On ne s'explique les termes de l'art. 1389, que grâce à la clause coutumière de l'*immobilisation des propres dans les estocs et lignes du conjoint.* Deux familles en unissant leurs membres avaient autrefois intérêt à se ré-

server la stricte application de la règle *paterna paternis et
materna maternis*. A ces fins, la *stipulation de propres* intervenait, pour exclure le survivant des père et mère de la
succession aux biens qui lui seraient acquis par le prédécès d'un enfant, et au détriment du lignage duquel ces
biens tiraient origine. Une autre clause, usitée dans les
mêmes circonstances, était celle qui attribuait à un seul
des époux l'entière succession des enfants prédécédés.
Les lois nouvelles ne pouvaient tolérer des conventions
dont la seule raison d'être avait disparu avec la règle *paterna paternis* (art. 932 C. N.). Tel est l'esprit dans lequel
est conçue la première disposition de l'art. 1389.

La seconde défend aux futurs conjoints de se lier irrévocablement avant le mariage par une convention qui
aurait pour objet de changer l'ordre légal des successions,
par rapport à leurs enfants entre eux. On pense en général que la suppression de ce texte ne nuirait pas à l'application de la règle qu'il consacre, à savoir : que l'on ne
peut disposer en faveur de personnes qui n'existent pas.
Mais à ce point de vue, l'art. 1389 dépasserait la portée
qu'on aurait voulu lui donner. Rien n'empêcherait, en effet,
que des enfants naturels, légitimés par le mariage, ne fussent victimes d'un texte qui n'aurait pas été fait contre eux.
Le motif véritable de la prohibition semble s'évincer plus
naturellement de l'art. 1130, lequel a pour but de conserver à la liberté testamentaire ses moyens d'action
jusqu'au dernier moment. Le principe comporte, au reste,
des exceptions, et c'est à ces dernières que se rapporte
l'alinéa final de l'art. 1389.

Le champ de ces exceptions est assez vaste. Il comprend :
la possibilité de disposer par contrat de mariage d'une
quote-part de succession en faveur des futurs époux

(art. 1082) ; celle de stipuler le retour d'un bien donné, en cas de prédécès des futurs conjoints et de leurs enfants; celle de régler par voie de substitution la succession de certaines personnes déterminées, relativement à certains biens. En un mot, les dérogations énoncées sous le chapitre des substitutions et dans ceux des donations en faveur du mariage, sont les seules reconnues à l'encontre de l'art. 1130. Toute convention qui sortirait de ces limites serait radicalement nulle, même dans un contrat de mariage. En ce sens, il a été jugé que les gains de survie ne sauraient être subordonnés à la condition que l'époux bénéficiaire en partagerait la portion restante à son décès, entre ses propres héritiers et ceux du conjoint prédécédé (1).

V. La dernière série de conventions prohibées est indiquée par l'art. 1390, à l'interprétation duquel les premières expressions de l'art. 1391 nous semblent devoir servir. « Les époux ne peuvent plus stipuler d'une manière générale que leur association sera réglée par l'une des coutumes, lois ou statuts locaux, qui régissaient ci-devant les diverses parties du territoire français, et qui sont abrogés par le présent Code. » Art. 1391 : « Ils peuvent cependant déclarer d'une manière générale qu'ils entendent se marier sous le régime de la communauté, ou sous le régime dotal. »

Les difficultés qu'auraient soulevées, soit le texte à fournir, soit le sens à rechercher des anciennes coutumes, ont fait proscrire leur emploi dans les contrats de mariage autrement que sous la forme d'une convention exprimée dans toute son étendue. Ainsi se trouvent écartées des lois que

(1) Cass., 11 août 1864 ; D., 64, 1, 468.

les tiers ne pourraient connaître qu'avec peine, et dont l'interprétation devrait occasionner souvent des investigations dans un passé que le Code entendait abolir dans la multiplicité de ses lois. La relation totale ou partielle d'une coutume est donc absolument inutile, si le texte n'est en entier transcrit dans le contrat de mariage.

Mais où commence l'incertitude, c'est sur le point de savoir si le simple renvoi à tout autre texte que celui de nos anciennes coutumes sera licite, et produira tous les effets d'une convention développée dans toute son étendue. Pourra-t-on, par exemple, se référer au régime dotal, ainsi qu'il est réglé par le Code italien ? A ne considérer que l'art. 1390, il semblerait que tout ce qui n'est pas défendu, étant par là même autorisé, nos anciennes coutumes ont seules été méconnues dans leur texte par les rédacteurs du Code Napoléon. L'esprit de réaction aurait donc été la cause unique de la défense portée en l'art. 1390.

Si, au contraire, l'on suppose au législateur un peu moins de parti pris et une intention plus pratique ; si l'on rapproche l'art. 1391 du précédent, qu'il complète, il résultera d'une interprétation naturelle que les contractants ne peuvent, d'une façon générale, se référer à d'autres textes que ceux du Code. L'on ne doit pas perdre de vue que le contrat de mariage pour s'imposer à tous, ne saurait revêtir les formes d'une énigme. Les tiers, en le lisant, ont le droit de le comprendre, d'après son texte, ou tout au moins, d'après la teneur d'une loi qu'ils sont présumés connaître. Ce n'est pas tant à cause des difficultés qui surgiraient devant les tribunaux, toujours fort éclairés, que l'art. 1391 a été fait · son utilité la plus grande est dans la suppression des inconvénients qui seraient résultés, pour le public, de l'ignorance, fort excusable à coup sùr, des lois anciennes ou étrangères. L'art. 1390 s'opposait formellement à des conventions fort usitées à l'époque où il fut rédigé ; mais l'art. 1391 posait plus généralement la règle à suivre. Au demeurant, il est certain qu'il y aurait moins d'inconvénients au sein d'un pays où les anciens usages se conservent parfois à l'état de souvenir, dans la stipulation d'un régime coutumier plus ou moins connu, que dans la mention analogue d'une loi étrangère que les juges eux-mêmes sont censés ignorer (1).

Nous terminons ici ce qui concerne les nullités absolues.

_____

(1) *Contrà*, M. Bellot des Minières, t. IV, p. 506.

SECONDE PARTIE

Nullités relatives.

Plusieurs fois déjà nous avons eu l'occasion de dire que le contrat annulable était celui dont une ratification ou confirmation pouvait couvrir le vice. L'annulabitité suppose des moyens d'action unilatéraux, la possibilité pour une des parties d'imposer le contrat aux autres ou de le détruire à son gré (art. 1125, 1304, 1311). Nous rappellerons encore la situation particulière faite aux époux par l'art. 1395, relativement à l'exercice de leur action en nullité pendant le mariage. Les périls d'une ratification, comme ceux d'une action en nullité peu spontanée, ont été pris en considération suffisante, pour faire rejeter l'une comme l'autre en dehors de la période du mariage (1).

Une différence assez marquée sépare certains cas d'annulabilité partielle de ceux où le contrat tout entier est susceptible de destruction. L'action paulienne, par exemple, ne peut attaquer directement qu'une partie du contrat. Nous rangerons cette hypothèse et quelques autres qui lui ressemblent sous un chapitre spécial. Afin de ménager l'unité de chaque question, nous aurons soin néanmoins de ne pas scinder les cas d'application des règles dont l'ef-

---

(1) Voir *suprà*, p. 67.

fet peut être général ou plus restreint, sans que la cause soit susceptible de varier.

Un troisième chapitre sera réservé aux hypothèses, où le contrat de mariage valable entre parties est, pour défaut de publicité, non opposable aux tiers.

CHAPITRE PREMIER

CONTRAT DE MARIAGE ANNULABLE POUR LE TOUT.

Deux causes principales engendrent les nullités que nous aurons à développer sous ce chapitre : l'insuffisance de consentement et le manque de capacité. C'est toujours à la personne dont la volonté aura été incomplète ou la capacité absente, que l'action sera exclusivement réservée. Si le vice tenait au contraire au fond même de la convention, il est évident que l'action en nullité serait ouverte à toute personne intéressée. L'idée d'annulabilité entraîne toujours celle d'une personne dont la position, dans le contrat, n'a pas été égale à celle des autres intervenants. L'équilibre sera rétabli dès lors que cette personne aura le choix de maintenir ou de rescinder ce qu'elle aurait eu le droit d'accepter ou de répudier librement.

SECTION PREMIÈRE

Du consentement incomplet.

Le consentement engendre des nullités relatives lorsqu'il a été matériellement produit au contrat, qu'il a existé dans la forme, mais qu'au fond la volonté mieux éclairée ou plus indépendante l'aurait refusé sans nul doute. C'est par la violence, l'erreur ou le dol, qu'il sera vicié.

I. La violence exercée dans des conditions telles que la personne n'eût été qu'un instrument inerte dans les mains de l'auteur, devrait exclure toute idée de consentement et produire une nullité absolue. Cette hypothèse a déjà fait l'objet de nos observations. Pour le moment, nous examinerons l'espèce où l'on peut dire : *Coacta voluntas est tamen voluntas.*

S'il est des circonstances où l'on doive discerner judicieusement la crainte révérentielle de l'intimidation par violence, c'est surtout dans les actes où les parents interviennent pour y jouer un rôle secondaire. Le contrat de mariage nécessite la présence de certains ascendants ; quoique leur adhésion aux clauses du contrat soit indispensable, quoique leurs conseils méritent une grande considération, ils ne doivent néanmoins substituer leur propre volonté à celle du mineur, qui, en définitive, subira les conséquences du régime. La limite est assez difficile à marquer entre ce que l'on pourrait appeler crainte révérentielle, respect pour l'autorité paternelle, et une violence véritable, une intimidation exclusive de toute liberté dans le consentement. C'est principalement sous la forme de cette pression exercée par les ascendants que la violence s'introduira dans le contrat de mariage. Plus ostensiblement manifestée, elle n'échapperait point à l'attention du notaire dont le devoir, sous peine de faux, serait de ne point donner acte d'un consentement qu'il reconnaîtrait ne pas exister en réalité. Le cas où la violence s'est produite, en dehors des circonstances concomitantes du contrat, n'offrirait aucun intérêt spécial.

La célébration du mariage viendra-t-elle couvrir d'une

ratification implicite l'annulabilité dont le contrat est menacé pour cause de violence? Plusieurs distinctions seraient ici nécessaires. En supposant la violence émanée de l'un des conjoints, il serait fort à présumer que l'autre avait eu l'intention d'en accepter l'effet, en passant outre au mariage. Que si la contrainte venait de l'un des ascendants et au demeurant d'un tiers quelconque, la réponse affirmative faite à l'interpellation de l'art. 75 (modifié) du Code Napoléon, impliquerait encore une ratification exclusive pour l'avenir de toute action en nullité. L'omission de la formalité prescrite par la loi du 10 juillet 1850, ou bien encore la réponse négative faite par le conjoint violenté, laisseraient subsister au contraire la faculté de poursuivre l'annulation du contrat.

II. L'erreur ne sera guère une cause de nullité qu'autant qu'elle portera sur une des qualités substantielles du régime adopté. Elle se présentera donc sous forme d'ignorance du droit, plutôt qu'à l'état d'erreur de fait. La future épouse, croyant que le régime *exclusif de communauté* lui laissera la même indépendance pour la gestion de son patrimoine que le régime de la séparation de biens, porte son choix sur le premier, avec la conviction que ses droits à l'administration seront ainsi protégés : on devra la restituer contre les conséquences d'une erreur qu'elle n'aura le plus souvent commise que d'après des conseils auxquels elle devait ajouter foi. La demande sera surtout digne de considération, lorsqu'elle aura précédé le mariage, et qu'elle sera faite dans le but de rendre possible un second contrat, après la nullité prononcée du premier.

L'erreur sur la personne engendre parfois des nullités radicales. Nous ne reviendrons pas sur ce que nous avons

10

dit à cet égard (1). Elle n'occasionnerait qu'une simple annulabilité, au cas où l'un des ascendants en serait seul victime. Le défaut absolu d'assistance peut être couvert *ex post facto* (voir *infrà*) : une assistance imparfaite ne saurait créer une nullité d'un ordre différent et surtout plus rigoureux.

III. Nous touchons à la question de dol, plus intéressante de beaucoup que celles qui précèdent. Les manœuvres qui, dans les contrats ordinaires sont qualifiées *dol*, doivent-elles, dans un contrat de mariage, être considérées comme des moyens licites, en vertu de l'ancienne maxime : « En mariage, il trompe qui peut? »

Le dol ne saurait être défini avec une parfaite exactitude. Telle circonstance qui le caractérise dans une espèce déterminée, est insuffisante à l'établir dans une autre. Dans le contrat de mariage, par exemple, auquel on ne procède qu'avec une grande circonspection, les parties seront moins excusables de s'être laissées tromper que dans un acte moins important, pour la confection duquel l'on s'environne de moins de précautions. Tout ce qui touche à la fortune et à la situation des biens des futurs conjoints est susceptible d'être constaté. En cas d'erreur à cet égard, il faudra rechercher si la personne circonvenue pouvait, au moyen d'une prudence vulgaire, éviter le piége dans lequel elle est tombée. D'autre part, chacun ayant le droit de se faire valoir, dans les limites d'une certaine exagération, on ne devra point considérer comme manœuvre frauduleuse le soin qu'aura pris l'un des futurs époux de dissimuler le côté faible de sa position sociale. D'après ces principes, la nullité d'un contrat de mariage,

(1) Cf. *suprà*, p. 143.

pour cause de dol, ne sera prononcée que dans des circonstances tout à fait exceptionnelles. Lorsque la fraude, cependant, aura été introduite sous des combinaisons telles qu'une personne vigilante aurait eu de la peine à s'y soustraire, l'action en rescision ne pourra être rejetée.

C'est en ce sens que la jurisprudence a tout récemment interprété l'art 1116 du Code Napoléon. Dans un jugement rendu par le tribunal civil de la Seine, à la date du 19 février 1869, le contrat de mariage des époux Stern avait été annulé pour cause de dol. Les motifs de ce jugement étaient ainsi formulés : « Attendu que le silence gardé par Stern sur sa faillite antérieure, l'allégation artificieuse d'une fortune chimérique, et sa déclaration inscrite dans son contrat de mariage, ont été, de sa part, des manœuvres frauduleuses, constitutives d'un dol de nature à vicier le consentement de la dame Stern aux dispositions dudit contrat, et qu'en conséquence, leur nullité doit être prononcée. »

Sur l'appel interjeté par Stern, la Cour de Paris a réformé la décision des premiers juges : « Considérant que dans un contrat de mariage, une évaluation d'apport acceptée aveuglément par l'autre époux qui omet d'en vérifier la fausseté, ne peut être considérée comme une manœuvre de dol propre à devenir une cause de nullité de la convention ;

« Que l'époux ainsi trompé, doit s'imputer à lui-même une illusion dans laquelle il n'a été entraîné que pour avoir volontairement négligé les moyens de contrôle et de vérification qui étaient à sa portée (1). »

(1) Arrêt de la Cour de Paris, 25 janvier 1870. (Voir la *Gazette des tribunaux* du lundi, 31 janvier 1870.)

Le dol devrait être pris en considération, si l'auteur présent au contrat avait fait usage de faux titres ou d'attestations mensongères revêtues d'une certaine apparence d'authenticité.

SECTION II

Défaut de capacité.

Nous examinerons successivement le contrat de mariage du mineur non assisté, de l'interdit judiciairement, de la personne placée dans un établissement d'aliénés, du prodigue ou faible d'esprit, et de l'interdit légalement.

I. *Du mineur non assisté.* — L'assistance, prescrite par l'art. 1398, est indispensable au contrat de mariage du mineur émancipé ou non. Pour ne pas revenir sur des observations présentées déjà au cours de ce travail, nous reprendrons la question au point où nous l'avions abadonnée, sous le chapitre des nullités absolues (page 122). Il s'agissait de savoir si le manque d'assistance engendrait une nullité radicale pour vice de forme, ou seulement une nullité relative susceptible d'être couverte par une ratification. A ce sujet, disions-nous, s'était produite une scission entre la doctrine et la jurisprudence. Mais les deux systèmes nous semblaient pouvoir se concilier en fait, grâce à la possibilité reconnue par la jurisprudence, d'une ratification postérieure au mariage. Nous soutiendrons d'abord, avec la majorité des auteurs, que le défaut d'assistance n'engendre qu'une nullité relative (1).

(1) MM. Rodière et Pont, t. I, n° 46; Zachariæ, t. III, p. 395; Duranton, t. XIV, n° 10 ; etc.

Si l'on considère les termes de l'art. 1398, siége de la difficulté, l'on y rencontre deux dispositions bien distinctes : la première relative à la création d'un droit, la seconde, aux conditions de son exercice. 1° Le mineur habile à contracter mariage est habilité pour toutes les conventions matrimoniales ; 2° il ne peut exercer cette faculté que sous la tutelle de ceux dont l'autorisation est requise pour le mariage même. On voit déjà que la question d'assistance est en quelque sorte secondaire. Néanmoins, il faut reconnaitre qu'elle contribue à la solennité du contrat dont elle est une des formes. Qu'arrive-t-il donc, lorsque dans un contrat de mariage les formes spéciales au mineur font défaut ?

L'art. 1398 ne fournit aucun élément de solution à cet égard. Il est dès lors naturel de recourir aux principes généraux qui régissent la condition des mineurs. L'art. 1311, au cœur même de la matière, déclare que l'engagement nul en la forme peut être ratifié en majorité. Y a-t-il quelque part dans le Code une exception faite à cette règle ? L'art. 1398 peut-il être interprété à l'aide d'un autre texte que celui de l'art. 1311 ?

Si deux articles ont entre eux des relations intimes et paraissent faits l'un pour l'autre, ce sont, à coup sûr, les art. 1309 et 1398. Nous avons déjà reproduit ce dernier, voici le texte de l'autre : « Le mineur n'est point restituable contre les conventions portées en son contrat de mariage, lorsqu'elles ont été faites avec le consentement et l'assistance de ceux dont le consentement est requis pour la validité du mariage. » Qu'est-ce qu'un acte contre lequel on peut être restitué ? C'est un acte qui subsiste jusqu'à ce que la restitution ait eu lieu ; annulable rétroactivement, mais valable définitivement lorsqu'une ratification tacite

en a couvert la nullité. Le contrat de mariage passé sans
assistance est donc annulable comme les autres actes passés
par le mineur. Il ne l'est pas à un plus haut degré,
puisque aucune exception n'est faite en sa faveur; bien au
contraire, l'art. 1309 affirme la simple annulabilité.

Ce que les textes portent, la raison le justifie. On comprend
la nullité absolue qui pèse sur le contrat de l'impubère;
c'est contre lui qu'elle est dirigée. Les art. 903 et
1095 viennent en ce sens corroborer notre art. 1398. Mais
pour le mineur, les conditions sont toutes différentes : le
dessein manifeste de la loi est de le protéger. Singulière
protection que celle qui aurait pour effet d'anéantir aveuglément
son contrat de mariage, de le traiter en définitive
avec plus de rigueur que les autres parties intervenantes!
Quel motif y aurait-il de lui faire dans un contrat important,
indispensable même, une condition pire que dans une
simple vente? Le rôle le plus avantageux pour lui, résulte
de la combinaison des art. 1311 et 1125. Pourquoi les
écarter dans une hypothèse où le législateur s'est montré
plus jaloux que jamais de sauvegarder ses intérêts? Il serait
bien facile de tendre un piége à son inexpérience, et de
l'entraîner, par des conventions solennelles que l'on saurait
radicalement nulles en la forme, dans un régime de communauté
légale qui absorberait irrévocablement toute sa
fortune. Les majeurs eux-mêmes ne seraient point aussi
maltraités au cas de dol; ils ont du moins le choix entre
le maintient ou l'annulation du contrat.

Ces motifs ont peu touché la Cour de cassation. Dans
un arrêt du 20 juillet 1859 (1), elle déclare : « Que les
formalités prescrites par l'art. 1398 sont spéciales et

_____

(1) Voir D., 59, 1, 279 ; *Junge* Cass., 5 mars 1855; D. 55, 1, 101.

substantielles ; et que le contrat de mariage, rédigé hors la présence des personnes dont la présence et le consentement étaient nécessaires pour la validité du mariage, est infecté d'une nullité absolue, et fait place au régime de la communauté légale. » Mais, ainsi que nous le disions tout à l'heure, la jurisprudence rigide sur les principes, se montre fort indulgente dans leur application. Nous avons eu l'occasion de signaler la portée qu'elle attachait à l'expression : *nullité absolue.* Elle n'interdit la ratification du contrat passé en violation de l'art. 1394, que tout autant que le lien conjugal persiste encore. Ainsi comprise, la nullité absolue n'a pas d'autre effet que celui que nous avons admis pour la nullité relative. La doctrine et la jurisprudence s'entendent donc sur le résultat final. Une seule différence subsiste entre les deux systèmes : celui des auteurs, conséquent avec lui-même, accepte l'exécution du contrat annulable, tant que l'action n'a pas été intentée ; celui de la Cour de cassation, au contraire, introduit tout d'abord le régime de la communauté légale, sauf à le détruire lorsque après le mariage les ayant-droit laissent courir une prescription de dix ans contre leur action en nullité. De cette façon, ils arrivent à prescrire contrairement à leur possession primordiale. C'est ce que les principes nous empêcheraient d'admettre, en supposant même que le défaut d'assistance nous parût être une cause de nullité absolue.

L'assistance, avons-nous dit, est aussi bien indispensable que le consentement des personnes désignées par l'art. 1398. Dans quelle forme ces personnes pourraient-elles nommer leur mandataire spécial au contrat de mariage ? — Les énonciations de l'acte notarié doivent présenter un caractère tel d'immuable authenticité, qu'il nous serait difficile d'admettre qu'une procuration sous seing privé suffît à prouver le consentement réel de l'ascendant aux clauses du contrat. Nous rappellerons d'ailleurs à cet égard, les dispositions de l'art. 2 de la loi du 21 juin 1843. Un texte qui s'impose à tous, doit, autant que possible, être indiscutable, relativement aux constatations matérielles qu'il renferme. Puisque la procuration est réputée l'équivalent de la présence, et que cette présence doit être authentiquement constatée, la procuration, ce semble, ne peut s'empêcher de revêtir la même forme.

Le conseil de famille appelé dans certaines occasions à donner son assentiment au mariage, pourrait incontestablement se faire représenter au contrat. Mais son assistance ne serait utilement suppléée que tout autant que les clauses fondamentales auraient été prévues dans la procuration, et que l'examen présupposé par la loi aurait été sérieusement accompli. En d'autres termes, le procureur fondé ne doit être qu'un intermédiaire par la bouche duquel la personne, dont l'assistance est exigée, manifeste ce qu'elle aurait manifesté si elle eût été présente.

Quid, si la minorité du conseil de famille refuse son approbabation à certaines clauses du contrat? — L'art. 883 du Code de procédure civile ne permet pas que l'avis de la majorité soit pour cela sacrifié. Il autorise ceux dont l'opinion a été repoussée à se pourvoir devant le tribunal pour y faire apprécier leurs observations.

Les facilités exceptionnelles réservées au mineur pour son contrat de mariage, ne doivent s'étendre en aucun cas à des arrangements qui n'auraient pas le caractère de conventions matrimoniales. Ce serait en vain que, sous le bénéfice de l'assistance maternelle, un mineur accepterait, à titre de convention matrimoniale, un partage de famille dont l'émolument serait destiné même à lui servir de dot. La capacité spéciale concédée par l'art. 1398 s'attache uniquement aux conventions dont le mariage est susceptible : à celles qui déterminent le régime, la quotité de la dot et les avantages spécialement autorisés entre futurs époux. On conçoit dès lors qu'un partage de famille soit réputé n'avoir aucune relation directe avec un contrat de mariage. La Cour de cassation a néanmoins décidé le contraire (1).

II. *De l'interdit judiciairement.* — C'est déjà une question controversée que celle de savoir si l'interdit pour cause de démence peut, dans un intervalle lucide, contracter un mariage valable. Nous accepterons la solution la plus favorable à la nullité de son contrat de mariage : celle qui lui reconnaît la faculté de se marier. Partant de là, nous négligerons pour un moment l'hypothèse où le contrat de mariage aura précédé l'interdiction. Nous attachant à celle où il n'est intervenu qu'après l'interdiction prononcée, nous affirmerons d'abord que la validité du mariage, célébré dans un intervalle lucide, n'entraînera jamais celle du contrat passé en tout autre moment. Les partisans même de la théorie de Troplong n'iraient pas jusqu'à accepter des conventions dans lesquelles la volonté de l'une des parties aurait fait complétement défaut.

Mais ils se rejettent sur l'hypothèse où mariage et contrat de mariage se sont réalisés pendant la même période. D'après eux, les conditions du principal ont dû servir à l'accessoire ; la lucidité nécessaire pour contracter mariage vaut bien celle qui est requise pour consentir des conven-

(1) Cass., 23 février 1869 ; D., 69, 1, 179.

tions matrimoniales. — On peut répondre que la controverse sur l'habileté de l'interdit à contracter mariage naît précisément de ce que les conventions ordinaires sont soustraites à sa capacité. Si l'on admet à la rigueur qu'une exception doit être restreinte, que l'interdit, formellement empêché de faire aucun contrat, peut du moins s'engager dans les liens du mariage , c'est un motif de plus de rendre son empire à la loi, lorsqu'elle est franchement applicable. (Art. 502.) Nous reconnaîtrions donc à l'interdit, suivant l'expression de la cour d'Agen , « la capacité suffisante pour se soumettre dans le mariage aux conséquences dictées par la loi elle-même » (1). Toute autre convention nécessiterait la présence du tuteur et l'accomplissement des conditions requises par l'art. 509. De plus, le contrat de mariage étant communément une loi de capacité, le consentement personnel de l'interdit nous semblerait indispensable au même chef que celui du mineur. Quant à l'assistance exigée pour ce dernier particulièrement , elle ne devrait point, ce semble , être imposée dans un cas où la loi n'en fait pas une nécessité.

L'assertion d'après laquelle le contrat de mariage antérieur à l'interdiction doit être tenu pour valable, n'est pas absolument vraie. Pour la rendre juste, il faut y ajouter le tempérament des art. 503 et 504 Code Napoléon.

Dans l'hypothèse de l'art. 503, le tribunal ne devrait pas s'astreindre à constater un manque spécial et direct de consentement. Le chapitre *De l'Interdiction* ne fait pas, sur ce point, double emploi avec le titre *Des Obligations*. Autre chose est le défaut de consentement , autre chose l'état de démence. Dans ce dernier cas, la volonté est toujours pré-

(1) Arrêt du 24 juillet 1857.

sumée absente dès que l'interdiction a été prononcée. Quant à la période qui précède, l'art. 503 reconnaît aux juges le droit de tenir compte rétroactivement de la situation mentale de la personne, et d'induire de cette appréciation générale une absence de consentement dans un contrat déterminé. L'espèce prévue par l'art. 503 ne doit donc pas se confondre avec celle que nous avons discutée sous la section première des annulabilités.

La même observation aurait sa raison d'être relativement à l'art. 504 C. N. Il est essentiel de distinguer un consentement nul ou vicié chez une personne saine d'esprit, de la volonté habituellement absente chez un individu en démence. Un contrat de mariage portant en lui-même la preuve incontestable de la folie de l'un des contractants, serait *entièrement* annulé par application de l'art. 504, alors qu'une partie seulement serait sujette à rescision, lorsque l'erreur ou le dol aurait porté sur une simple clause.

La discussion à laquelle nous nous livrons en ce moment semble plus spéculative que pratique. On pourrait nous demander comment un contrat reçu par un notaire portera des traces de la démence de l'une des parties ? L'officier public n'a pas mission d'expertiser sur l'état mental de ses clients ; mais, par contre, il ne peut affirmer un consentement qui ne s'est pas produit devant lui. Son rôle est de constater une convention, un concours de volonté susceptible de plus ou de moins, explicite ou douteux suivant les cas. Dès lors, il rentre dans ses devoirs de ne pas affirmer ce qu'il n'a pas vu ; et, d'autre part, de certifier les circonstances qui, se rattachant au consentement, ont trait au fond même du contrat. Il peut donc, à l'occasion d'un contrat de mariage, ménager l'application de l'art. 504.

III. *De la personne placée dans un établissement d'aliénés.*
— Aux termes de l'art. 39 de la loi du 30 juin 1838, la
personne placée dans un établissement d'aliénés a le
droit d'attaquer, pour cause de démence, les actes qu'elle
a faits pendant qu'elle était retenue dans cet établissement.
Supposons qu'elle ait consenti un contrat de mariage, en
bonne forme d'ailleurs. On n'aura pas à s'occuper de la
question de savoir si c'est en dehors de l'établissement
que l'acte a été passé. L'art. 39, sus-énoncé, n'attache
point l'incapacité au *séjour*, mais à la *détention*, qui se pro-
longe du moment où l'entrée de l'individu est constatée
sur un registre à cet effet, jusqu'à celui où sa sortie régulière est inscrite sur ce même registre (art. 12 de la même
loi).

Ce qu'il y a de remarquable dans l'espèce actuelle, c'est
que tout contrat de mariage, celui-là même qui serait fait
avec *assistance*, pourra être attaqué. Un interdit, placé
dans un établissement de santé, pourrait à la rigueur consentir des conventions matrimoniales avec le concours de
son tuteur. La personne non interdite, placée dans le
même établissement, sera dans l'impossibilité de jouir de
la même faculté, parce qu'elle n'a pas de tuteur. Tout acte
autre que ceux qui rentrent dans l'administration des
biens, nécessiterait une interdiction préalable pour être
régulièrement passé (1). En conséquence, quoi que l'on
puisse faire, le contrat de mariage de la personne internée
pour cause de démence est, dans tous les cas, sujet à
nullité.

IV. Le prodigue et le faible d'esprit, ayant la faculté
de contracter mariage, sont-ils par là même autorisés à

(1) Voir, toutefois, l'exception de l'art. 33 de la loi du 30 juin 1838.

consentir des aliénations et hypothèques autres que celles
que la loi a attachées au mariage ? On fait observer avec
quelque raison que le conseil affecté à la surveillance de
la fortune pourrait indirectement s'imposer à la personne,
s'il intervenait au contrat de mariage. Lorsque l'autorité du
tuteur fait place dans des circonstances analogues à celle
des ascendants, c'est justement pour empêcher qu'une
question accessoire d'intérêt ne tienne en échec une
question plus importante d'union conjugale. Le système
de Troplong, précédemment développé, est surtout fort
par ce raisonnement. Néanmoins, nous persistons à nous
tenir dans les errements que nous avons suivis jusqu'ici.
Nous marchons à l'abri des textes et surtout de l'idée,
qu'il est plus dangereux pour un incapable de faire sans
assistance un contrat de mariage, que de procéder seul
au choix de son conjoint. De ce que la loi, par suite d'un
oubli, a laissé à certaines personnes la liberté de contracter
mariage, il ne faut pas conclure qu'elle ait eu la volonté
de les exposer deux fois au lieu d'une. D'ailleurs, pour le
faible d'esprit, la différence de la personne aux biens est
nettement tranchée. C'est ce qui nous fait croire qu'on doit
la maintenir telle que le législateur l'a établie. Puisqu'elle a
sa raison d'être dans les circonstances peu importantes,
elle la conserve à un plus haut degré pour le contrat de
mariage. C'est pourquoi nous penserions que toute aliénation, directement ou indirectement consentie par suite de
l'adoption d'un régime différent de celui de la communauté,
donnerait lieu à la rescision du contrat de mariage du prodigue et du faible d'esprit non assistés de leur conseil.
L'effet de la nullité serait général ou partiel, suivant que,
dans l'esprit des contractants, la clause supprimée serait
ou non substantielle.

V. *De l'interdit légalement.* — Ici nous sommes en présence d'une disposition pénale qui assimile à l'interdit judiciaire l'individu frappé d'une condamnation criminelle. Cette interdiction doit avoir, d'après la loi, la même durée que la peine. L'interdit pour cause de démence ne peut, avons-nous dit, procéder seul à des conventions matrimoniales. L'interdit légalement, le pourra-t-il davantage ? La raison de décider pour lui n'est pas évidemment dans une protection que la loi voudrait lui accorder. Il est sous le coup d'une peine principale qui s'augmente d'une interdiction pénale aussi. — En cette matière, on doit aller jusqu'aux dernières limites d'une interprétation favorable au condamné. La loi l'autorise à contracter mariage ; mais elle ne l'oblige en aucun texte à se marier sous le régime de la communauté légale. On ne doit donc pas lui imposer indirectement ce qui ne lui est pas infligé d'une façon directe.

Sans doute, on le prive de l'administration de ses biens et de l'exercice de certains droits, pour qu'il n'ait pas les moyens d'atténuer sa peine. Mais d'un côté le mariage lui étant permis, de l'autre la tutelle ayant un caractère exclusivement *restrictif*, la restriction ne pèsera pas sur une faculté qui doit subsister entière avec ses accessoires, puisque la loi la reconnaît sans réserves.

D'ailleurs, quel serait le rôle du conseil de famille au contrat de mariage ? Il approuverait, au contraire, ferait opposition : pour approuver, il est fort inutile qu'il se présente ; quant à faire opposition, et par là même entraver le mariage, il n'en a pas plus le droit que le tribunal. En autorisant la libre formation d'une association conjugale, la loi a rejeté tous les effets de l'interdiction qui pourraient la gêner. Il n'en est pas de plus directement restrictif que l'autorisation nécessaire pour consentir des conventions matrimoniales.

Ces motifs n'auraient plus de portée en présence de l'art. 3 de la loi du 31 mai 1854 sur l'abolition de la mort civile. Le condamné à une peine afflictive perpétuelle est privé non-seulement de l'exercice, mais encore de la jouissance du droit de disposer ou de recevoir à titre gratuit. Avec l'assistance du conseil de famille, il n'aurait pas plus de capacité que nous n'en avons reconnue à l'impubère, pour s'engager dans des conventions matrimoniales. Nous déclarerions donc radicalement nul le contrat de mariage de l'individu condamné à une peine afflictive perpétuelle, en tant qu'il renfermerait des dispositions gratuites de sa part ou à son profit.

CHAPITRE II

DES ANNULABILITÉS PARTIELLES.

Quand la suppression d'une clause annulable entraînera-t-elle la chute du contrat tout entier? quand laissera-t-elle subsister les autres conventions? Question presque insoluble en droit, puisque la volonté première des parties doit fournir, dans chaque espèce, les moyens de décider. Cependant, il est quelques principes d'un emploi assez fréquent en cette matière. Pour les donations, par exemple, il a été jugé que leur validité était indépendante du maintien ou de la suppression des autres clauses du contrat de mariage. Faites surtout en vue des besoins du ménage qui s'est formé sous n'importe quel régime, elles sont maintenues lorsque le donateur n'a pas manifesté dans le contrat l'intention expresse de les subordonner à l'adoption du régime annulable.

Quant aux autres stipulations, l'examen de la volonté des parties est indispensable pour baser une décision fondée en justice. Le plus souvent, néanmoins, il existe une réciprocité telle, entre les obligations respectives des parties, que celles qui sont éteintes d'une part, enlèvent leur cause à d'autres consenties en échange. Mais nous le répétons, ce qui est accepté pour les actes à titre onéreux, ne l'est pas aussi aisément pour les dispositions libérales. C'est ainsi que, dans l'affaire Stern, la Cour de Paris a décidé « qu'une donation entre époux ne saurait être réputée avoir sa cause dans une donation réciproque faite par l'autre époux ; et qu'elle doit, avant tout, puiser son principe moralement réfléchi dans les affections qui naissent du mariage (1). » En reportant aux conventions d'avant-mariage ce qui est dit au sujet des donations entre époux, on arrive à cette conclusion : que la nullité du contrat de mariage peut laisser subsister les donations qui y sont jointes. Par contre, nous l'avons déjà prouvé, une donation peut être nulle, sans que les autres clauses du contrat aient à souffrir de son absence.

I. On comprend que les causes qui déterminent l'annulabilité du tout, puissent entraîner celle d'une partie seulement. Nous avons déjà vu que l'incapacité du prodigue ou du faible d'esprit n'avait d'effet qu'autant que son contrat de mariage renfermait des aliénations à eux défendues. De même le dol, la violence ou l'erreur, ont, suivant les cas, des effets généraux ou partiels que nous nous dispenserons de rappeler.

_____

(1) Voir *Gazette des Tribunaux*, nᵒ déjà cité du 31 janvier 1870.

II. Mais à propos de l'art. 504, le temps est venu de faire une précision que nous devions réserver pour le chapitre des annulabilités partielles. La démence, dont il est parlé en termes généraux, consiste parfois en une monomanie, laquelle ne prive l'individu de sa raison que relativement à certains actes ou à certain ordre d'idées. Il est possible, dès lors, qu'en considération de ce caractère spécial de la démence, le tribunal prononce, dans un contrat de mariage, la nullité de certaines clauses seulement, pour lesquelles le consentement sera présumé avoir fait défaut.

III. L'exercice de l'action paulienne ne peut donner lieu directement qu'à une annulabilité partielle. Il est évident que les créanciers de l'un des futurs conjoints, ou d'un tiers donateur, n'auront jamais d'action sur le régime adopté dans le contrat. Mais leurs prétentions peuvent aller jusqu'à la rescision d'une aliénation particulière, faite à titre onéreux ou gratuit, en fraude de leurs droits. L'éventualité la plus ordinaire est celle où une donation se trouve attaquée par eux. Quels seront, en ce cas, leurs moyens d'action ? Quelle preuve la loi leur imposera-t-elle ? Est-il nécessaire qu'ils démontrent la perte et en même temps la fraude concertée ? Leur suffira-t-il, au contraire, de prouver le préjudice que leur cause la libéralité et la mauvaise foi du donateur ?

Grande controverse à ce sujet. D'un côté, l'on fait ressortir que la donation procure un bénéfice aux uns au détriment des autres, et qu'elle doit être rescindée malgré la bonne foi du bénéficiaire. D'autre part, l'on s'appuie sur le caractère intéressé que prennent les donations dans un contrat de mariage, sur le préjudice réel que causerait au ménage la suppression de l'un des éléments nécessaires à son entretien. A ce compte, la mauvaise foi devrait se rencontrer chez toutes les parties pour que la rescision devînt possible. C'est à ce dernier système que nous donnerons la préférence, non-seulement parce qu'il est le plus conforme à l'équité, mais encore parce qu'il s'harmonise avec d'autres dispositions légales, fondées sur le caractère onéreux des donations par contrat de mariage (1). Dans l'hypothèse de l'art. 446 du Code de commerce, on serait dispensé de rechercher l'intention frauduleuse chez le donateur tout au moins.

CHAPITRE III

DU CONTRAT DE MARIAGE NON OPPOSABLE AUX TIERS.

I. Un contrat de mariage ne peut s'imposer aux tiers qu'autant qu'on leur a fourni les moyens de le connaître. A cet effet, la publicité qui environne le mariage est le premier indice d'un changement dans la capacité des conjoints. Mais la célébration solennelle ne suffit pas, pour révéler à tout le monde la nature de la loi qui doit régir désormais les rapports domestiques et sociaux des époux. Suivant qu'ils se sont mariés avec ou sans contrat, qu'ils ont adopté le régime dotal ou celui de la communauté, leurs droits sont transformés vis-à-vis de tous, et il est juste que chacun puisse se rendre compte de leur véritable capacité.

C'était autrefois chose à peu près impossible, puisqu'avant tout il fallait rechercher le texte du contrat, et

_____

(1) Voir, notamment, ce que nous avons dit au sujet de la loi du 21 juin 1843, *suprà*, p. 100

qu'aucune indication sérieuse ne se rencontrait pour en faciliter la découverte. Alors surtout que les conjoints déclaraient s'être mariés sans contrat, la bonne foi des tiers était exposée à des surprises, et il arrivait souvent qu'un bien dotal déjà payé était retiré des mains de l'acquéreur par une femme qui s'était affirmée commune.

La loi du 10 juillet 1850 a comblé les lacunes que le Code offrait sur ce point. Elle prescrit au notaire qui a retenu le contrat de mariage, la lecture d'une disposition aux termes de laquelle il est enjoint aux futurs époux de déclarer, devant l'officier civil qui les unit, s'ils ont passé un contrat de mariage, et devant quel notaire. De cette façon, la preuve du mariage contient en même temps l'indication des sources auxquelles on pourra se renseigner sur le régime des époux. La sanction de la formalité nouvelle est purement civile quant aux époux : ils sont condamnés, le cas échéant, à subir les conséquences de leur faute ; vis-à-vis des tiers, ils sont réputés communs en biens, s'ils passent sous silence la confection de leur contrat, ou s'ils omettent d'indiquer chez quel notaire on le retrouvera. Cette hypothèse est la seule dans laquelle le contrat de mariage tout entier soit déclaré non opposable aux tiers.

II. Lorsque sur l'acte principal interviennent des contre-lettres, la rédaction de ces dernières, séparée de celle des conventions primitives, serait de nature à tromper les personnes qui, fortes d'un contrat de mariage qu'elles connaissent, n'auraient garde d'en supposer un ou plusieurs autres. C'est pourquoi l'art. 1397 a toujours déclaré que tous les changements et contre-lettres seraient sans effet à l'égard des tiers, s'ils n'avaient été rédigés à la suite de la minute du contrat de mariage. Le but de cet

article, et les dernières expressions qu'il renferme, suffi-
sent à démontrer qu'il importera peu que la contre-lettre
ait été retenue par un notaire et l'acte principal par un
autre. Le vœu de la loi sera rempli dès lors que, sur
la première minute, toutes les conventions matrimoniales se trouvent réunies les unes à la suite des autres.

Nous écartons de notre sujet les relations possibles du
contrat de mariage avec les art. 939, 1069 et suivants du
du Code Napoléon, et les art. 1 et 2 de la loi du 23
mars 1855 (1). Ces dispositions n'ont aucune influence
directe ni exclusive sur le contrat dont nous nous occupons.
A vrai dire, d'ailleurs, elles n'engendrent pas des cas de
nullité.

(1) Ce vaste sujet, dont celui que nous traitons est un des préliminaires, a en 1868-69, à la Faculté de droit de Toulouse, servi de thème
à la conférence de doctorat (2e année), présidée par M. Arnault, pro-
fesseur-agrégé.

POSITIONS

DROIT ROMAIN

I. Les pactes dotaux ne peuvent jamais être que des pactes joints.

II. La dot profectice fait retour au père avec les mêmes immunités que le pécule.

III. Dans la loi 10, D., *De pactis dotalibus*, les mots de la fin : *Quod non idem in cæteris heredibus*, se rapportent au verbe *cavere* qui précède.

IV. La loi 27, D., *De pactis dotalibus*, s'explique par l'immoralité de la clause qui met à prix le retour de la femme.

V. La loi 19, d'Alfenus, *De pactis dotalibus*, semble inconciliable avec celles qui précèdent.

DROIT COUTUMIER

I. Les lettres de rescision ont été introduites dans un but national aussi bien que dans un intérêt fiscal.

II. Tous sieurs justiciers doivent la justice à leurs dépens.

III. C'est par les traditions canoniques que l'*instrumentum dotale* a pu se conserver.

CODE NAPOLÉON

I. Toutes les nullités du contrat de mariage ne sont pas absolues.

II. La confirmation du mariage annulable n'entraîne pas celle du contrat de mariage infecté du même vice.

III. On ne peut faire choix d'un régime à terme ou conditionnel.

IV. Le dépôt chez un notaire et en bonne forme d'un contrat de mariage sous signature privée, équivaut à une passation authentique.

V. Les nullités de forme de l'art. 1398 ne sont pas absolues.

VI. Les ascendants dont l'assistance est exigée pour le contrat de mariage du mineur, ne peuvent se faire représenter qu'en vertu d'une procuration authentique.

VII. Un Français est inhabile, même en pays étranger, à faire des conventions matrimoniales après la célébration du mariage.

VIII. Les art. 1390 et 1391 défendent de se référer d'une façon générale à d'autres régimes que ceux qui sont développés dans le Code Napoléon.

IX. L'impubère est, quoi qu'il arrive, privé du droit de consentir des conventions matrimoniales.

X. L'éducation même religieuse des enfants est un attribut inaliénable de l'autorité maritale.

PROCÉDURE CIVILE

I. Le défendeur à une action pétitoire peut exercer au cours de l'instance une action possessoire contre le demandeur qui l'a troublé dans sa possession.

II. Le défendeur à une action en bornage pourrait mettre obstacle à la plantation de bornes, au moyen d'une exception prise de ce que sa propriété ne s'étend point jusqu'aux limites reconnues par son voisin demandeur.

III. Quoique le chiffre de la demande soit supérieur à celui qui détermine la compétence du juge de paix, ce dernier peut se déclarer régulièrement saisi, si l'exagération des prétentions du demandeur dénote de sa part la seule intention de se soustraire à la juridiction normale.

IV. Le taux du ressort doit s'évaluer d'après les conclusions dernières et non d'après le chiffre de la demande.

DROIT CRIMINEL

I. Le président des assises a le droit, en vertu de son pouvoir discrétionnaire, de faire valoir les moyens d'accusation, alors même que le ministère public s'est désisté.

II. Le fait de se faire servir à boire et à manger dans une hôtellerie, alors que l'on n'a pas la somme suffisante pour payer, ne constitue pas une escroquerie.

III. L'interdiction légale n'a pas d'effet sur le contrat de mariage passé par le condamné.

DROIT COMMERCIAL

I. L'art. 634 du Code de commerce ne met pas obstacle à ce qu'un commis actionne son patron en paiement de ses gages devant la juridiction civile.

II. La convention par laquelle une compagnie de chemin de fer s'est engagée à expédier des marchandises avant l'expiration des délais réglementaires est illicite.

DROIT ADMINISTRATIF

I. Les alignements délivrés par le maire, en l'absence de plans d'alignement régulièrement arrêtés, ne peuvent avoir pour effet de modifier la largeur de la voie publique telle qu'elle existe de fait.

II. L'acquisition de nouveaux livres liturgiques, rendue nécessaire par un changement dans la liturgie, constitue une dépense obligatoire pour les fabriques, et, par suite, pour les communes, en cas d'insuffisance des ressources des fabriques.

Cette Thèse sera soutenue en séance publique, dans une des salles de la Faculté de Droit de Toulouse.

Vu par le président de la Thèse,

Remplaçant aussi par délégation le doyen empêché,

A. RODIÈRE.

Vu et permis d'imprimer :

Le Recteur,

ROUSTAN.

« Les visa exigés par les règlements sont une garantie des prin-
« cipes et des opinions relatifs à la religion, à l'ordre public et aux
« bonnes mœurs (Statut du 9 avril 1825, article 41), mais non des
« opinions purement juridiques, dont la responsabilité est laissée
« aux candidats.

« Le candidat répondra, en outre, aux questions qui lui seront
« faites sur les autres matières de l'enseignement. »

TABLE DES MATIÈRES

DES PACTES DOTAUX

DES CAS DE NULLITÉ

DU CONTRAT DE MARIAGE

PREMIÈRE PARTIE

Nullités absolues.

CHAPITRE PREMIER

SECTION PREMIÈRE

SECTION II

CHAPITRE II

SECTION PREMIÈRE

SECONDE PARTIE

CHAPITRE III

Toulouse, typ. L. Hébrail, Durand et Cⁱᵉ, rue de la Pomme 5,.

www.ingramcontent.com/pod-product-compliance
Lightning Source LLC
Chambersburg PA
CBHW072343200326

41519CB00015B/3647